西部大开发中的城市化道路
——成都城市化模式案例研究

国家信息中心 著

商务印书馆

2010年·北京

图书在版编目（CIP）数据

西部大开发中的城市化道路：成都城市化模式案例研究/国家信息中心著. —北京：商务印书馆，2010
 ISBN 978-7-100-07283-0

Ⅰ.①西… Ⅱ.①国… Ⅲ.①城市化—研究—成都市 Ⅳ.①F299.277.11

中国版本图书馆 CIP 数据核字（2010）第 129443 号

所有权利保留。
未经许可，不得以任何方式使用。

西部大开发中的城市化道路
——成都城市化模式案例研究
国家信息中心　著

商 务 印 书 馆 出 版
（北京王府井大街36号　邮政编码 100710）
商 务 印 书 馆 发 行
北京瑞古冠中印刷厂印刷
ISBN 978-7-100-07283-0

2010 年 11 月第 1 版　　开本 880×1240　1/32
2010 年 11 月北京第 1 次印刷　印张 5½
定价：35.00 元

课题总负责人

厉以宁　北京大学光华管理学院名誉院长　教授　全国政协常委

蒙代尔　美国哥伦比亚大学教授　诺贝尔经济学奖获得者

课题组负责人

蒲宇飞　国家信息中心综合部副主任　博士

课题组成员

张宇贤　国家信息中心综合部副主任　研究员

鲍寿柏　北京大学光华管理学院教授

阎　星　成都市经济发展研究院院长

刘建兴　国家发改委国际合作中心研究部主任　博士

盛　磊　国家信息中心综合部科研处副处长

武小欣　国家信息中心综合部政研室副主任　博士

李陶亚　国家信息中心综合部国际合作处

傅　超　国家发改委国际合作中心研究部

刘幼迟　国家信息中心综合部综合规划处

高　洁　成都市经济发展研究院

伍笛笛　成都市经济发展研究院

目 录

引言 …………………………………………………………… 1

第一章 成都模式的提出 ………………………………… 3

    第一节 西部大开发与成都模式的背景 ………… 4

    第二节 成都模式的内涵 ………………………… 8

第二章 成都模式的理论分析 …………………………… 13

    第一节 基于城市化理论的分析 ………………… 14

    第二节 基于生产要素理论的分析 ……………… 25

    第三节 基于城乡二元理论的分析 ……………… 30

第三章 成都模式的探索与实践 ………………………… 35

    第一节 着力构建"三圈层"空间结构 ………… 37

    第二节 积极推进城乡一体化进程 ……………… 41

    第三节 构建可持续发展的产业体系 …………… 48

第四节 加大对外开放的广度与深度 …………… 56

第五节 区域合作与发展 …………………………… 60

第四章 典型案例分析 ………………………………… 62

第一节 农村产权制度改革 ………………………… 63

第二节 建立健全统筹城乡的就业和社保机制 …………………………………………………… 66

第三节 开展"一区一主业"的工业空间重构 …………………………………………………… 69

第四节 投资体制改革 ……………………………… 75

第五章 成都经济社会发展能力指标体系设计与测算分析 ………………………………………… 81

第一节 成都经济社会发展能力指标体系设计 …………………………………………………… 82

第二节 成都经济社会发展能力指标计算及分析 …………………………………………………… 88

第六章 国际比较及借鉴 ……………………………… 91

第一节 "芝加哥模式"vs."成都模式" ………… 92

第二节　与国际先进城市的比较和借鉴 ………… 101

第七章　结论与建议 ……………………………… 115
　　第一节　基本结论 ……………………………… 115
　　第二节　主要建议 ……………………………… 120

附件一　成都与国内城市的比较分析 ……………… 122
　　第一节　城市定位比较 ………………………… 122
　　第二节　城市发展战略比较 …………………… 128
　　第三节　城乡统筹比较 ………………………… 131
　　第四节　资源要素配置 ………………………… 135

附件二　成都模式中的"三阶梯" ………………… 144
　　第一节　"全城谋划"阶段 …………………… 146
　　第二节　"全域统筹"阶段 …………………… 152
　　第三节　"全球定位"阶段 …………………… 160

图 目 录

图 1　西部大开发中的成都城市化模式　　9

图 2　要素市场化和集聚推动的城市发展模型　　28

图 3　成都可持续发展的产业体系　　49

图 4　成都的五大国家级产业化基地　　57

图 5　成都经济社会发展能力指数　　89

图 6　伦敦发展的三个阶段　　102

图 7　成都模式阶梯式发展三阶段　　145

图 8　1994～2003 年成都市三大圈层 GDP 示意图　　151

表　目　录

表 1　全球网络节点城市与单一区域中心城市特征　　19

表 2　成都市域圈层空间结构　　38

表 3　成都市域圈层空间功能定位　　39

表 4　成都现代服务业重要功能区的发展重点　　51

表 5　成都工业重点产业及产业集群　　53

表 6　成都工业集中发展区"一区一主业"产业定位　　70

表 7　成都经济社会发展能力指标体系　　84

表 8　成都与芝加哥比较　　93

表 9　芝加哥（2006）与成都（2008）分行业就业情况比较　　95

表 10　芝加哥城市定位　　99

表 11　成都文化创意产业发展规划（2009～2012）　　103

表 12	全球城市排行榜	110
表 13	全球化城市指标分类	112
表 14	国内城市定位比较	123
表 15	城市发展战略比较	129
表 16	户籍制度改革情况比较	133
表 17	成都与攀枝花的资源要素比较	136
表 18	金融资源向农村配置情况比较	138
表 19	成都市域圈层空间功能定位	154

引　言

1999 年 11 月，中央经济工作会议正式提出西部大开发战略，并通过了《中共中央关于促进西部大开发的决定》[①]。实施西部大开发战略，是根据邓小平关于"两个大局"战略思想做出的重大决策，是现阶段我国推行的

[①] 1999 年 12 月全国第一次西部大开发工作会议上确定了五大开发战略，即经济结构调整、基础设施建设、生态环境建设、深化改革开放、发展教育科技；与此同时，提出了西部大开发的五项重大建设项目，即青藏铁路、西气东输、西煤东运、西电东送、南水北调。从 2000 年到 2005 年，国家每年以财政专项、银行政策性信贷、国债等形式向西部地区的投资达到 2 000 多亿元。

区域经济发展总体战略的重要组成部分。十年来，在西部大开发战略方针指导下，在全国人民特别是西部人民的共同努力下，西部地区经济逐年增长，城乡居民收入不断提高，各项事业都取得了显著成就，有力地促进了西部区域经济的协调发展，同时也为全国经济发展开辟了新的广阔空间[①]。

城市化，是西部地区实现又好又快发展的重要驱动力。近年来，西部地区城市化率年均增长超过 1 个百分点，百万人口以上的地区数量已经占到全国的 42.8%。本报告将通过梳理、总结西部大开发中成都的城市化模式，深入探讨城市化在推动西部地区产业结构升级、消费结构升级、对外开放水平提升方面的影响和路径，并提出相关建议。

---

① 十年来，西部地区国内年生产总值从 1.7 万亿元增加到 4.8 万亿元，平均增长了 11.6%，超过全国同期增长水平；固定资产投资增长 22.9%，也高出全国平均水平的 1.9 个百分点；商品进出口年贸易额从 170 多亿美元增加到近 800 亿美元。

第一章　成都模式的提出

成都是四川省省会，中西部重要的区域性中心城市之一。早在文明启蒙时代，成都就已经是长江上游文明的中心；在古代，成都把天府农业文明的优势和辉煌发挥到了极致，以手工业和商业为主的古典城市经济高度发展；到了近代，由于地处西部内陆，成都面临与多数内陆城市相似的命运——在工业化进程中明显落后于沿海沿江通商口岸城市和新兴工商业城市；进入20世纪中叶及改革开放新的历史阶段，工业文明开始大规模进入成都，但受区位制约，经济社会发展水平与全国特别是东部沿海城市的差距仍在继续拉大；直至国家开始实施西部大开发战略以来，成都通过发挥地方自主创新作用，积极探索符合自身实际、顺应经济社会发展规律的科学发展道路，逐渐焕发出新的蓬勃朝气。今天的成都，东西长192公里，南北宽166公里，总面积12 121平方公里，全市辖10区、6县、4市，总人口1 125万，已经成为我国西南地区的科技、商贸、金融中心和交通通信枢纽。

第一节 西部大开发与成都模式的背景

1978年实行的改革开放是成都发展新的历史起点，

成都成为全国改革起步最早的城市之一，积极推行家庭联产承包责任制和城市综合体制改革，生产力得到了极大的解放，人民生活水平也逐步提高[①]。但是，由于改革开放初期国家实行的是非均衡的区域发展战略和梯度推进的对外开放战略，成都作为内陆城市在扩大对外开放和发展外向型经济方面受到很大制约，其经济社会发展水平与全国特别是东部沿海城市的差距仍在继续拉大。

成都蓬勃朝气的重新焕发，始于十年前国家开始实施西部大开放战略。

西部大开发十年正是成都大发展的十年，城乡一体化发展战略的实施促进了城乡经济社会发展一体化新格局的形成；经济结构调整和经济增长方式转变的有效推进促进了成都作为中国西部"三中心、两枢纽"地位的进

[①] 成都市所在的四川省是当时我国最早、最彻底大范围推广家庭联产承包责任制的省份。1984年4月，成都市被国务院列为全国综合体制改革试点城市。

一步巩固。

西部大开发十年也是成都大合作的十年，精心打造的西博会等合作平台日益完善，国际国内合作不断加深，西部经济区域合作稳步推进，成都经济区、成渝经济区在西部经济发展中的作用日益突出。

西部大开发十年更是成都大开放的十年，现代投资促进体系日益完善，招商引资取得丰硕成果，依托于区域性中心城市市场腹地优势形成的开放格局不断拓展深化；国际化通道和连接国内外的交通设施建设取得长足进步，国际交往逐步深入。

经过西部大开发十年来的积极探索，成都逐渐成为了推动西部大开发的"桥头堡"和引领西部经济发展的重要增长极，先后荣获"中国十大最具经济活力城市"、台商"极力推荐"城市、"十大中国大陆最佳商务城市"、"中国城市综合实力十强"、"中国最佳旅游城市"和"中国内陆投资环境标杆城市"等称号①。同时,"宜居、宜业、宜学、宜商、宜游"的综合优势日益凸显,以美食、休闲和历史文化为代表的独特城市魅力更令中外游客流连忘返、回味无穷,成都正逐步成为中西部地区创业环境最优、人居环境最佳、综合竞争力最强的现代化特大中心城市。特别是2007年6月成渝被国务院批准为全国城乡统筹综合配套改革试验区,成渝经济区在全国区域发展战略中的地位空前提升,被誉为中国经济发展的"第四极",成都的未来更引发人们的无尽遐想。

然而,与各项成就、各种美誉相应的是,成都并不具备雄厚的发展基础:成都既不像一些地区拥有高度富集的矿产资源,也不像一些城市具有得天独厚的港口优势,区位上既不靠海也不沿边。那么,究竟是什么因素成就了成都的"魅力",又是什么因素创造了西部大开发

---

① 据统计,截至2007年年底,来成都投资的世界500强企业达124家。同时成都还是中国服务外包的主要目的地城市,2008年成都跻身全球服务外包新兴城市50强,排名紧挨新加坡。

中独特的成都城市化发展模式呢？我们认为，成都在四方面的不懈努力，造就了成都的"魅力"，也成就了成都独特的城市化发展模式，这就是：在政府定位上勇于进取创新；在发展思路上坚持与时俱进；在工作重点上强调改革开放；在动力机制上突出全民参与。

第二节　成都模式的内涵

本报告把西部大开发十年来的成都发展道路，概括为"三轴三阶梯"模式，即以"复合城市化、要素市场化、城乡一体化"为路径，从"全城谋划"到"全域统筹"再到"全球定位"的发展模式（图1）。

——"三轴"，即"复合城市化、要素市场化、城乡一体化"，是成都十年来城市化发展的三条路径。复合城

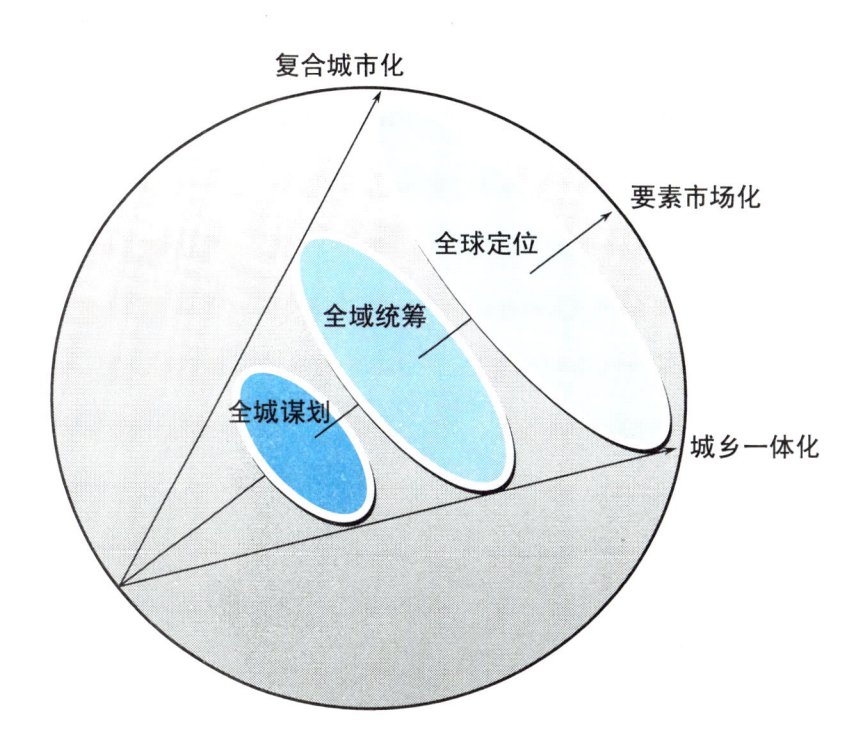

图 1　西部大开发中的成都城市化模式

市化，就是成都浓缩了发达国家典型城市从早期工业化到中期去工业化再到当前建设全球城市、信息城市的百年历程，在短短十年时间既推动了工业化，又调整了城市空间布局和产业结构，同时加快了全球化、信息化进程。从一定意义上讲，复合城市化就是城市化与工业化、全球化的叠加与融合。要素市场化就是成都通过大力推动改革创新，突破了经济社会发展中的诸多体制"瓶颈"，把市场化进程向土地等要素市场纵深推进，在更广阔的领域激活了市场资源，在更大程度激发了市场活力，在更大空间范围内形成以市场为基础的要素集聚和积累。城乡一体化就是成都以区域中心城市快速发展为基础，以大城市带大农村，通过城乡统筹有效破解城乡二元结构难题，开拓了发展空间，凝聚了发展动力。

——"三阶梯"，即"全城谋划"、"全域统筹"、"全球定位"，是成都十年发展的三个阶段。从1999年西部大开发战略启动到2003年，是"全城谋划"阶段。这一时期成都的发展思路主要是通过放宽民营经济准入限制，改革行政审批制度，盘活土地、资本、劳动力等要素资源，建设城市，发展城市，经营城市。从2003年到2009年，是"全域统筹"阶段。这一时期成都按照中央提出的"五个统筹"要求，把战略视野从全城扩展到全域，从城市管理体制改革推进到破解城乡二元体制，在城乡统筹中推动了全域成都的均衡发展、协调发展。期间，成都和重庆于2007年6月被国务院批准为全国城乡统筹综合配套改革实验区，这表明成都在全域范围内进行城乡统筹的实践在全国具有示范作用和指导意义。2009年，在总结西部大开发十年发展经验的基础上，成都进一步把战略视野拓展到全球，进入了新的"全球定位"阶段。其目标是打造"全球城市网络中的节点城市"和"世界现代田园城市"[①]。

——"三轴"和"三阶梯"不是彼此独立的，更不是相互割裂的。"全城谋划"、"全域统筹"、"全球定位"三个阶梯意味着成都十年城市化发展的三次重大跨越，同时，每一次跨越都不是对前者的否定和放弃，都不是

---

① "田园城市"是体现霍华德"自然之美、社会公正、城乡一体"思想的现代田园城市，即成都要建成城乡一体化、全面现代化的示范区，成为全国统筹城乡发展和生态文明建设的样板，实现城乡同发展共繁荣、现代高端产业聚集、社会和谐、人民幸福、生态良好。从形态上讲，首先要在全域成都范围内构建现代城市和现代农村和谐、历史文化和现代文明交相辉映的新型城乡形态。然后随着成都经济区区域经济一体化，将整个区域建设成为一个超大型、现代化田园式的城市群。

建立空中楼阁，而是层层递进、步步深化、环环相扣。"复合城市化"、"要素市场化"、"城乡一体化"是成都发展的三条路径，也是三大动力。在成都十年探索中，三大动力时而竞相发力，时而合为一体。分开来看，三力贯穿"三阶梯"始终，但是在不同阶段三者并不是连续均匀地分布在时间序列之上，而是有隐有显、有主有辅、有强有弱。例如，在"全城谋划"阶段，"要素市场化"是第一动力，"城乡一体化"处于蓄势待发之中；在"全域统筹"阶段，城乡一体化则上升为第一动力。合起来看，在多项重大突破中，往往看到的都是各种合力在共同发挥作用，例如，在农村土地产权制度改革中，就是"三化"一体。

第二章 成都模式的理论分析

　　成都"三轴三阶梯"城市化发展模式的形成，既是生动的实践过程，也是深入的理论探索过程。这里我们主要基于经典经济学理论、发展经济学的二元经济理论以及有关城市化理论对成都模式进行初步的理论分析。

第一节　基于城市化理论的分析

一、世界城市发展历程

西方国家典型城市的发展主要经历了三个阶段：

一是以工业化、城市化融合发展为特征的城市扩张阶段。 城市是人类文明的摇篮，世界上最早的城市诞生于人类文明的早期，但是农业社会中城市承担的功能较为单一①，发展非常缓慢，规模也十分有限。现代城市体系诞生于工业革命之后，工业革命创造了现代工业，也

---

① 城市学家认为早期城市起源主要是因为宗教、防卫和长途贸易等目的。

催生了现代城市。农业社会的经济和人口具有分散性，主要因为农业生产依赖土地和阳光，要求分散在广阔的地理空间；但是，工业社会的经济和人口却具有集中性，因为工业天然具有集聚性，而城市即是它的载体。城市地区的特征就是集中了各种不同的经济活动，当地理上的紧密接近能为企业与工厂产生外部性收益时，就出现了集聚效益①。工业革命之后，伴随着工业化过程中的收入增长和产业结构调整，农村人口不断向城市集中，城市规模迅速扩张，城市化成为各国经济发展的基本趋势。此外，城市化不仅表现为单个城市规模的扩大和城市人口占总人口比重的上升，还表现为城市带的出现，一些由中心城市和卫星城市构成的大城市相互连成一片，中

---

① 阿尔弗莱德·马歇尔（Alfred Marshall，1920）认为集聚效益主要来自：知识外溢、专业人才市场的优势和与大规模本地市场相联系的产业前向后向联系。企业间通过彼此集聚，可共享某些公共投入，例如同一劳动力市场、公共资本、城市基础设施、商业信息以及新的技术革新等，进而显著地降低生产成本。

间没有明显的边界。工业化和城市化相互融合、相互促进、逐步深化、不断扩张，是城市发展第一阶段的主要特征。

二是以去工业化为特征的城市转型阶段。 不断加速的城市化进程创造了范围经济和规模经济，成就了神话般的"城市经济"，但也带来了诸多"城市病"，城市变得越来越密集，城市成为"拥挤、噪音、肮脏和环境污染"的代名词。于是，在1950年代以后，随着交通和通信技术的进步，特别是随着第二次产业结构转换，工业化国家进入"去工业化（deindustrial）阶段[①]"，在一些发达国家开始出现了逆城市化的趋势，主要表现为工厂逐步往城市外围迁移，城市富裕人口倾向于定居在郊区，

---

① 指工业化发展到一定程度后，制造业基本保持稳定，服务业开始兴起，而农业继续下降。OECD（1997）总结了服务业发展的基本趋势：1. 以当前价格计算的全球服务业产出比重持续上升；2. 以金融、保险、房地产和商业服务为主的现代服务业在增加值中所占比重增加最多；3. 全球服务业就业份额持续稳步上升；4. 现代服务业的就业比重增加最多；5. 企业活动和家庭活动的外包趋势加快。

城市中心发展逐步停滞,"空心化"现象明显,一些小镇和乡村地区则开始出现人口增长的现象。鉴于此,一些大都市纷纷推动城市从工业经济向服务经济转型,着力发展服务业,明显提升服务业在三次产业结构中的比重,大力增强服务业对就业的吸纳能力。这一阶段城市发展主要任务是转型,有增有减、有兴有衰,有集中有分散。

三是以经济全球化为动力的全球城市网络体系发展阶段。1980年代以来,在全球化和信息化的推动下,全球城市化进程加快发展并表现出新的特征。全球城市化的发展,不再单纯表现为城市数量和规模的扩张,更重要的是表现为全球城市网络的形成,越来越多的城市通过相互连接而进入全球网络体系[1]。全球各国城市出现了层级分化:纽约、伦敦等国际化大都市是世界城市的主要中心;分布在其周围的是区域性中心城市,如芝加哥、

---

[1] 周振华:《崛起中的全球城市——理论框架及中国模式研究》,上海人民出版社,2008年。

新加坡；其他城市则通过区域中心城市与国际大都市连接，从而成为世界城市网络中的一员。在全球城市网络中扮演重要角色的国际化节点城市，也表现出一些新的特征，如：在产业结构上，以金融、软件业为代表的现代服务业的重要性逐步提高；在空间上，中心城市再次成为聚集新兴产业的所在地，"总部经济"、"中央商务区"的发展形态更加鲜明。

全球网络体系的形成，使得成形于工业化时期的传统城市体系受到前所未有的冲击，并朝不同的发展趋势演变。城市发展的前途或者竞争力，很大程度取决于能否成为世界城市或者是国际化城市网络节点。对网络节点城市不应简单理解为类似过去的经济中心地，不应该过多把它设想为贸易场所、港口、金融中心和工业重镇，而是要作为资本等要素循环和积累的复杂网络的必要组成部分（表1）。从网络的角度看，城市作为节点的价值，在于它和其他节点之间的相互关系。在全球城市网络体系中，城市间的联系是城市发展的核心问题，直接关系到城市的兴衰。一般来说，城市的发展和成长是建立在联系扩展的基础上，而衰退的城市，其联系也在减少。总之，城市作为节点的功能，更少取决于其所占有的各种物质资源，而更多依赖其在城市网络中的联系[①]。

表1 全球网络节点城市与单一区域中心城市特征

单一区域中心地系统	全球城市网络系统
区域中心功能	网络节点功能
依赖城市规模	不依赖城市规模
主从关系趋势	弹性互补关系趋势
商品与服务的单一化	商品与服务的多样化
垂直通达性	水平通达性
单项流动性	双向流动性
交通成本	信息成本
对空间的完全竞争	对价格歧视的不完全竞争

资料来源：根据贝尔恩（Baeern，D.F.，1995）改编。

---

① （美）保罗·诺克斯等著，顾朝林等译：《城市化》，科学出版社，2008年。

二、我国的城市化道路

我国的城市化有着与西方国家不同的特征，这种特征首先表现在我国是在经济转型的过程中实现城市化，也即是在逐步改革计划经济体制、逐渐完善市场经济体制的过程中实现城市化；其次，我国的城市化速度是史无前例的。资料表明：在城市化率从20％提高到40％这个过程中，英国经历了120年，法国经历了100年，德国经历了80年，美国经历了40年，前苏联和日本分别经历了30年，而中国仅用了22年。城市化是一个主要由经济力量驱动和主宰的过程，也是一个原有的社会结构迅速解体和新的社会结构逐步形成的过程。城市化的前景尽管是美好的，但其过程夹杂着无数个体的痛苦①。相对缓慢的城市化进程，有利于新的非正式的社会契约关系的建立和完善，一定程度可以减轻城市化的阵痛；同时，城市管理体制的完善，也有利于通过有效的福利制度和政策措施，最大程度地减轻社会转型过程中的冲突和不确定性。而我国在经济转型的过程中同时实现快速城市化，对政府形成的挑战无疑是史无前例的。

因为无先例可循，在与体制转轨并进的快速城市化进程中，各个城市因为发展基础和发展理念不同，形成了不同的发展战略。有的城市仅看到了城市发展的第一阶段，认为城市发展的关键是工业化带动，因此致力于发展工业，所选择的或者是加工贸易，或者是重化工业；有的城市看到了城市化带来的"城市病"问题，因此坚信要控制城市的规模，更加注重小城镇的发展；还有的

---

① 西方国家上百年的城市化历史，就是一部千百万农民为了生计，带着乡愁，远离家园，奔向陌生冷漠的城市，时时面临歧视、贫困、失业，甚至血腥和暴力的历史。

城市看到的则是现代城市服务业的蓬勃发展,因此把城市发展定位为服务业。总之,不同的城市化观念,对应不同的城市发展战略和模式,也使得城市化带来不同的效果:

——以加工贸易为导向的城市定位,是改革初期占据主流地位的发展模式,并因为掌握了发展的先机获得了快速发展,通过大批劳动密集型出口加工产业,经济总量迅速做大,但是目前面临着劳动、土地等要素价格上升,环境污染严重,企业缺乏核心竞争力,产业升级困难等挑战。尤其是国际金融危机的爆发,进一步暴露了严重依赖外需的出口加工产业的脆弱性。

——以重化工为导向的城市定位,是在我国新一轮重工业化趋势中获益最大的发展模式,但是该模式首先面临着巨大的资源环境压力,难以持续;其次对重化工的过度依赖直接导致城市风险抵御能力下降,一些资源型城市和地区在国际金融危机冲击下增速锐减、压力骤增即是明证。

——完全以服务业为导向的城市定位，如果尚未经历充分的工业化过程，首先面临的问题就是生产性服务业缺乏工业支撑，难以取得长足发展；其次是在发展金融、通信等现代服务业方面，城市可以掌握的政策资源和市场资源都相对有限，难以发挥主导作用。

——以建设国际化大都市为导向的城市定位，近年来受到大大小小近200个城市的追捧，但是多数城市对全球城市的认识尚停留在城市实力、城市形态和城市地位等比较直观的层面，对国际大都市的内涵及其属性缺乏深刻的理解。这种直观认识的典型表现，就是把国际化大都市简单理解为"高、大、全"，从而一味追求城市规模扩大、经济实力增强，城市形态"现代化"、城市设施高级化，导致城市建设与发展的盲目扩张，产生了不少负面效果[①]。

---

① 周振华：《崛起中的全球城市——理论框架及中国模式研究》，上海人民出版社，2008年。

三、成都的战略选择

在总结、扬弃国内外城市化经验的基础上，成都没有割裂城市发展的历史，也没有固守单一的发展模式，而是从"全城"到"全域"到"全球"，不断拓宽战略视野，反复权衡利弊得失，选择了一条复合发展的道路。

——一是有选择地发展工业，加快发展中心城市，不断夯实产业基础，大力推进工业向园区集中、人口向城市集中，以实现城市化的集聚效益。

——二是在推进工业化的同时，适时进行空间重构，按照一二三圈层的构想，实现部分产业向外转移，中心城区主要建设"中央商务区"，大力发展"总部经济"及金融等现代高端服务业。

——三是提升对外开放水平，明确提出将成都建设为国内"一线城市"或者世界二级城市，加快融入全球城市网络的步伐，成为西南地区连接国际市场的中心城市节点。

因为选择的是复合发展的道路，成都城市化过程中较好地把握了产业结构升级和空间布局调整的节奏，妥善处理了速度和质量、长期和短期的矛盾，城市发展逐渐表现出"均衡、和谐和可持续"的特质，成为成都城市魅力中最耐人寻味的内容。

第二节　基于生产要素理论的分析

传统的生产要素理论经历了从二元论、三元论到四元论的发展过程，二元论通常是指"土地＋劳动"，三元论是指"土地＋劳动＋资本"，四元论是指"土地＋劳动＋资本＋企业家才能"。熊彼特特别强调了企业家的创新能力对于其他要素的重要作用。在其1926年出版的《经济发展理论》一书中,熊彼特借用生物学上的术语,把"不断从内部革新经济结构"的创造性破坏过程称为"产业突变",认为"创新"、"新的要素组合"是经济发展的本质特征。所谓资本,就是企业家为了实现"新组合",用以"把生产指往新方向"、"把各项生产要素和资源引向新用途"的一种"杠杆"和"控制手段"。资本不是具体商品的总和,而是企业家和商品世界之间的桥梁,其职能在于为企业家"创新"提供必要的条件。只有企业家推动了创新或生产要素的"新组合",才能积聚资本,才会促进发展。

从生产要素的角度看城市的发展,城市发展的本质是成为周边市场辐射地区各种生产要素集聚的洼地,其关键是能为生产要素的高效利用提供创新人才和创新环境。城市发展的过程,表现为要素集聚和积累的因果循环。初始禀赋条件,如天然港口或者是矿产资源,为城市初始的要素集聚积极提供了动力。但要素一旦集聚,会因为城市经济而产生更高的生产率，这种高生产率本身又成为下一轮要素集聚的原因。从此，城市进入了要素积累和集聚的因果循环过程，城市规模表现出持续的扩张。因此，在城市的发展过程中，关键点是确保生产要素通过集聚后具有更高的生产率，这其中创新就扮演了重要的作用。同时，市场化始终是要素得以进一步集聚的重要保障因素。城市的活力在于市场辐射范围不断扩大，要素的流动性逐渐增强。尤其是在前一节所讲到的全球城市体系中，世界城市的市场辐射力已经扩大到前所未有的全球范围，对全球资金、信息、技术、人才形成了巨大的控制力（图2）。

我国的要素市场改革吸收了生产要素相关理论的重要成果，并重点强调了三个方面：

——要素市场化的方向是完善要素价格生成机制，理顺要素之间的比价关系，发挥市场在要素资源配置中的基础性作用，释放闲置的生产要素，促使要素按市场规律流向高生产率的地方。例如，可以利用级差地租盘活土地资源，增加要素投入总量，提高土地资源的利用效率。

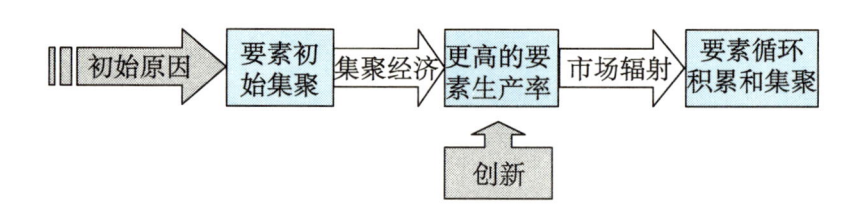

初始原因 → 要素初始集聚 →集聚经济→ 更高的要素生产率 ←创新 →市场辐射→ 要素循环积累和集聚

图 2　要素市场化和集聚推动的城市发展模型

——实现经济发展，不能长期依赖投资和外需拉动，也不能一味依赖港口、自然资源等天然优势，而是需要通过创新和生产要素的"新组合"来谋求内生发展动力。创新和生产要素新组合有赖于充分发挥企业家的创新精神和创新能力。在我国行政管理体制改革尚未到位、政府依旧保持相对强势、市场发育尚不成熟的背景下，目前真正意义上的企业家还不是很多，一些具有创新精神的地方政府往往在事实上承担了"创新者"和"生产要素组合者"职能。

——地方政府作为创新者和生产要素组合者，最重要的是通过战略谋划，为要素市场主体创造良好的投资环境，通过政策配套和体制改革激活要素市场潜力，形成要素市场的合理集聚与配置。

从西部大开发背景和成都发展的起始点来看，成都首先不具备丰富的矿产资源，无法发展资源加工输出型产业；其次，成都不沿河靠海，无法发展港口经济；再次成都也不在东部地区，无法发展出口导向的加工贸易业。但是，成都的优势是作为区域性中心城市，在西南地区具有无可比拟的市场辐射能力以及历史积淀形成的独特的创新文化，这就使得成都有可能成为区域内各种先进生产要素集聚的洼地。而启动成都要素循环集聚和积累的引爆点，即是成都以要素市场化为导向的改革。而从西部大开发十年来成都发展的实际效果来看，成都不但是西南的交通、信息、物资中心，而且成为资本、技术、人才等要素的集聚中心和创新中心，其中的奥妙，就在于具有创新精神的成都政府从"全城"到"全域"，持续推动了要素市场化与集聚：通过开展农村产权制度、户籍制度和社会保障制度改革，充分释放了农村中的土地与劳动力资源，进而通过创造良好的外部环境，对周边地区的产业、资本、技术、信息与人才等要素形成了强大的集聚效应。这种城市集聚效应使得成都近年来始终处于快速扩张过程中，综合经济实力不断提升，在四川省乃至西南地区中心城市地位进一步强化，从而建立起内陆区域性中心城市的独特竞争优势。

第三节 基于城乡二元理论的分析

城乡二元结构是发展中国家普遍存在的现象。美国经济学家 W. A. 刘易斯 1954 年提出，发展中国家的经济是由两个不同的部门组成的：一是以现代化技术为特点的现代经济部门;二是以传统的落后技术为特点的传统农业部门。这两种部门的并存称之为二元经济或二元结构①。刘易斯进一步认为,发展中国家经济发展的本质就是二元经济消失并融合为一元经济的过程。二元经济理论提出后,立即得到我国学术界的回应。早在1988年,农业部原政策研究中心的一批政策研究专家就敏锐地提出了我国二元社会结构理论,并且相当富有远见地提出

---

① 二元经济虽然由刘易斯首创,最早专指传统部门和农业部门的同时并存的现象,但在发展经济学经典文献中,对二元经济的认识是不断深入的,并赋予"二元经济"概念更丰富的内涵,"二元经济"更准确的定义是指发展中国家存在的有关生产与组织的各种不对称性。正如利特尔(Little,1982)认为:"二元性可以从多方面下定义。但是一个在分析上有用的、有关制度的定义看来应该是:一种经济是二元的,即它的一个重要部分是在那种父权制的或半封建的制度下运行,而另一个重要的部分则是在雇佣工资制度下运行。"坎布尔(R. Kanbur)、麦金托什(J. McIntosh)在《新帕尔格雷夫经济学大辞典》对"二元经济"的解释中总结道,贯穿各种"二元性"理论的另一线索是关于要素的流动性问题。有学者认为,研究中国的城乡二元问题,应当更多关注对生产要素自由流动的限制上,这种限制导致了资源配置背离市场的最优状态。中国城乡二元结构的本质是对生产要素(有时也包括产品)在城乡之间自由流通的限制,这种限制有的是由城乡之间组织的不对称性间接引起的,有的是由不合理政策直接规定的。

了一系列破除二元社会结构的政策主张。

我国的二元经济既有发展中国家二元结构的一般特征，又有转型国家独特的二元体制特征。二元结构主要表现为我国城乡之间存在较大的发展差距，农村经济发展水平低、市场不发达；二元体制则主要体现为计划经济时期形成的各种体制性障碍，如：城乡分割的户籍制度、农产品价格剪刀差，以及城乡分割的基础设施投资和公共服务保障体系。对于我国城乡二元问题的起源和本质，厉以宁教授进行了深刻分析："城乡二元结构自古就有。从宋朝算起，至今已有1 000年以上的历史。但当时尽管有城乡二元结构，却没有城乡二元体制。城乡二元体制是20世纪50年代后期才建立的。""从20世纪50年代后期起，由于计划经济体制的确立，户籍分为城市户籍和农村户籍，城乡二元体制形成了，城乡也就被割裂开来了。从这时开始，城市和农村都成为封闭型的单位，生产要素的流动受到十分严格的限制。""计划经济体制实质上有两个重要支柱：一是政企不分、产权不明的国有企业体制；二是城乡分割，限制城乡生产要素流动的城乡二元体制。这两个支柱支撑着整个计划经济体制的存在和运转。"正是在二元体制的制约和束缚下，我国城乡之间的差距越来越大。城乡二元体制是目前我国经济社会发展中诸多矛盾和问题的根源，已成为影响未来经济社会发展全局的重大战略问题。由于我国城乡二元结构具有特殊的形成机理和演变路径，不可能单纯依靠工业化、城市化发展的自发力量进行破解，而是必须"剑指"二元体制。要通过城乡二元体制改革，同时增加农民的近期利益和长期利益，大大促进社会的稳定，推动城市经济的改革和发展，使农村和城市的差别大大缩小，使农民充分享有改革开放的成果，在社会方面享受同等待遇。

打破二元体制，改变二元结构，是我国经济体制改革和经济社会发展的重要任务，既没有历史经验可以借鉴，也没有同类国家的经验可以照搬，只能在实践中摸索①。成都在完成全城谋划之后，把视野拓展到全域，把着力点确定为城乡统筹，其城乡一体化实践的切入点首先选择了打破二元体制：

——改变城乡分割分治的体制机制，加快建立城乡机会平等和规则公平的制度保障，推进公共政策在城乡合理调控、市场机制在城乡有效作用，加速形成平等公平的城乡关系。

——强调协同联动，把城市和农村作为一个整体来规划建设，坚持以城带乡，以工促农，推进城乡经济结构和就业结构的共同优化升级，加速形成互动互促的城乡关系。

——依靠制度创新弥补财力不足，推动社会资源科学配置、社会事业均衡发展、社会利益合理分配，促进城乡居民各尽其能、各得其所，加速形成和谐共富的城乡关系。

---

① 刘易斯等人虽然提出并创建了二元理论，但是其关于破解二元经济的政策药方，后来在许多发展中国家被证明是失败的，有的甚至带来灾难性的后果。

第三章　成都模式的探索与实践

"三轴三阶梯"的成都城市化发展模式,不是一个抽象的理论框架,而是成都在科学发展观指导下,通过一系列发展战略、改革方案、政策措施支撑起来的发展体系,这一体系包括:

——**战略支点:创新型政府**。具有创新精神的成都政府是"三轴三阶梯"的支点。成都政府把创新精神融入跨越发展的雄心、政策设计的精心、政策实施的耐心中,推动了"三轴"的纵深发展,推进了"三阶梯"的逐步拓展。为此,在下面关于成都的实践总结和案例分析中,政府的创新精神与创新能力将贯穿始终。

——**战略格局:"四位一体"**。"四位一体"是指经济建设、政治建设、文化建设、社会建设四位一体发展。"三轴三阶梯"之所以能够协调互动,主要有赖于四位一体的发展格局。以投资体制改革、农村产权制度改革为代表的市场化改革,促进了城乡一体的社会主义市场经济体制的建立健全;以新型村级治理机制创新为亮点的基层民主政治建设,为城乡统筹发展提供了坚实的政治保障和原动力;扎实推进的社会事业的全面发展和机制创新,促进了城乡社会事业的均衡发展,推动了和谐社会建设;不断推进的文化建设,促进了城乡文明对接,也有助于成都在"全球定位"中更准确地进行聚焦。

——**战略途径:"三个集中"**。"三个集中"是指工业向集中发展区集中、土地向规模经营集中、农民向城镇集中。通过"三个集中",促进了新的要素组合,现代城市和现代农村和谐相融、传统文化和现代文明交相辉映的新型城乡形态在全域成都初步呈现。

——战略实施:"协同联动"。"协同联动"首先表现为政策协同,成都近年来研究制定的城乡一体化、区域一体化、经济结构调整、对外开放等政策是一个有机整体,相互配套,相互支撑;其次表现为政策实施环节的联动,成都各政务部门把政府的发展雄心内化为自觉行动,相互协作,相互补台。

在创新型政府以"三个集中"为途径、"四位一体"为支撑的"协同联动"下,成都"三轴三阶梯"模式的实践是丰富多彩、卓有成效的,具体可以从以下五个方面展开评述。

第一节 着力构建"三圈层"空间结构

"三圈层"是指成都的空间结构。成都城市空间由城中心向周边地域呈圈层状逐次推进，至20世纪90年代末形成中心城市（城市建成区）、近郊区（中心城周边城镇组团）、中远郊区三大圈层（表2）。至2005年，城市建成区面积由2000年的207.81平方公里，增至395.5平方公里，增加90%。

表2 成都市域圈层空间结构

市域圈层空间结构	主城区	中心城	城市建成区	三环路以内	城市化地区
			城市边缘区	三环路至绕城高速公路	
		周边城镇组团		新都—青白江组团、温江组团、郫县组团、双流组团、华阳组团、龙泉组团	半城市化地区
	中远郊区	中郊区		龙泉驿区、新都区、青白江区、温江区、郫县、新津县、双流县地域内六个周边城镇组团以外的区域	乡村地区
		远郊区		都江堰市、彭州市、邛崃市、崇州市、大邑县、金堂县、蒲江县	

为避免"摊大饼"式的城市空间发展模式,进入"全域统筹"阶段后,成都又进一步对各圈层的功能和地位重新界定,从而使城市在整体上由大城市带大郊区的形态转变为城乡统一协调的形态(表3)。

近年来,成都形成了环状加放射状的交通格局,中心城区与郊区县市的关系进一步明晰,近郊区县开始分担和承担部分中心城区的城市功能,郊区县市逐步由中

表3 成都市域圈层空间功能定位

分区	区位	功能定位
中心城区	都市区的核心区域	重点发展金融、通信、会展商务、现代物流、科技、文化教育等高层次的第三产业和电子信息、医药等高新技术产业和绿色环保的都市型工业
近郊地区	都市区的外围组成部分	重点发展机械等现代制造业、食品轻工业等劳动密集型产业以及生态、旅游、住宅等产业,创造大量就业岗位,大力吸纳农村劳动力转移

续表

分区	区位	功能定位
远郊地区	平原、浅丘陵区域	加强第一产业的基础地位，通过农地制度创新、实施规模化经营等措施提高农业产业化水平，有条件的乡镇发展具有资源优势的第二产业，第三产业以旅游业和县域中心城市的商贸、科技文化服务为重点，山地、深丘陵区域以林业和旅游业发展为重点

心城区卫星城发展为小城市或中等城市，以城市群为基本形态的层次分明、功能齐备的城市体系逐步完善，对农民变市民的承接能力随之显著增强。成都近郊区人口城市化率2007年较2003年增加了21.47个百分点，远郊县市人口城市化率五年间增长了12个百分点，突破30%，步入了城市化快速发展阶段。这一"三圈层"城市群体系的构建，具有三重意义：

——一是促进了人口格局与空间格局的和谐，既加快了人口城市化，又避免了人口过度向中心城区集中。

——二是促进了人口格局与产业格局的和谐，既因产制宜来引导人口流动，又因人制宜确定产业的发展方向。

——三是促进了产业格局与空间格局的和谐，既明确了不同区域均衡发展的目标，避免了一些地区的产业匮乏或空洞化，又确定了差异化发展的定位，避免了产业结构趋同。

可以说，这三重"和谐"，为未来成都人在"天府之国"的安身立命创造了新的天地、新的基础。

第二节　积极推进城乡一体化进程

成都在城乡统筹、"四位一体"科学发展总体战略的基础上，提出了坚持不懈地推进实现**城乡规划、产业发**

展、基础设施、市场体制、公共服务和管理体制"六个一体化"的目标。围绕这六个方面，成都开展了积极而富有成效的探索与实践。"六个一体化"不仅是实现城乡同发展、共繁荣的目标，也是其实现的具体路径。其中科学规划是基础，产业发展是支撑，城乡生产要素自由流动是关键，基础设施建设、公共服务城乡均衡化配置以及管理体制的建立是保障。

一、城乡规划一体化

城乡规划一体化是城乡统筹发展的基本依据，也是科学发展和依法行政的基础。在城乡一体化改革伊始，成都就将"城市规划"变革为"城乡规划"，即城乡一盘棋，将广大农村纳入城市总体规划、土地利用规划、产业发展等各项规划范畴，形成城乡统筹、相互衔接、全面覆盖的"全域成都"规划体系、城乡体系和监督执行体系，有效促进了资源在城乡优化配置、产业在城乡优势互补、人口在城乡有序流动。

二、城乡产业一体化

城乡产业一体化的实质就是城乡以各自资源禀赋为前提，通过促进三次产业在城乡之间的广泛联合，实现城乡产业优势互补，推动三次产业互促融合。在实践中主要通过两种途径推进。一是通过业态创新促使产业融合，成都典型的业态创新是农业与旅游业的有机结合。如锦江区三圣乡的"五朵金花"、温江区花卉休闲观光产业等，逐渐实现城郊农业向现代乡村旅游转型，促成涉农产业向精品化、多元化、产业化和公司化方向转变，并加强与第三产业互动发展，有效推动了产业之间的融合。二是通过均衡发展理念推动产业互促、协调发展，如通过同时推进生产性服务业发展与工业及现代农业发展：一方面使工业与现代农业的发展创造更多的生产性服务业需求，为生产性服务业发展提供市场；另一方面生产性服务业的发展又及时促进了工业和现代农业的快速提升，大大加快了城乡产业互动、城乡经济互融的现代城乡产业发展体系的形成进程。

三、城乡基础设施一体化

城乡基础设施一体化，是改善城乡居民特别是农村环境和农民生产生活条件的必然要求。成都建立了对城乡基础设施统一规划、一体推进的机制，实施了网络化城乡交通体系建设、推进市政公用设施向农村覆盖、推进生态环境建设一体化和城乡信息服务一体化，实现了村村通水泥路、城乡居民用电同网同价、城市自来水和天然气覆盖农村、村（社区）垃圾集中处置、村村通固定电话和广播电视、移动信号覆盖率100％。

四、城乡市场体制一体化

城乡市场体制一体化是城乡一体化的动力所在。成都在城乡一体化的实践中，积极推动城乡两个分割市场的不断弥合，从而使城乡市场一体化的进程逐步加快。例如，成都于2008年开始推进农村产权制度改革，推动建立"归属清晰、权责明确、保护严格、流转顺畅"的现代农村产权制度，以"还权赋能"为核心，对农村土地和房屋实施确权、登记和颁证，将农民对土地和房屋的财产权落到实处；设立了市、县、乡三级农村产权交易中心，推动农村产权规范、有序流转；在全国率先创设了耕地保护基金，建立起能够充分调动广大农民积极性的新型耕地保护补偿机制。

五、城乡公共服务一体化

城乡公共服务一体化，最能体现以人为本、共创共享的制度安排。成都大力推进公共服务改革，建立了城乡一体的公共服务体制和经费筹集、财政投入机制，在就业、社保、教育、卫生、文化等方面推动城乡公共资源均衡配置，通过构建覆盖城乡的公共卫生、教育文化等社会体系，推动城市公共优势资源向农村覆盖，使城乡居民共享改革发展成果。

六、城乡管理体制一体化

城乡管理体制一体化，为城乡统筹提供了制度保障。成都以完善覆盖城乡的行政管理体系、公共财政体系以及创新农村基层治理机制等手段,着力推进城乡管理体制一体化,出台并实施了一系列创新性政策,为城乡统筹发展提供了强力支撑。

> **专栏　成都探索覆盖城乡的行政管理体系**
>
> 　　一是着眼于促进公共管理和公共服务向农村覆盖与延伸,整合部门职能,先后对 30 多个部门的行政管理体制进行了改革调整,初步建立了统筹城乡发展的大部门管理体制。
>
> 　　二是全面开展乡(镇)村综合管理体制改革,率先在全省实施了乡镇、行政村区划调整和管理体制改革。
>
> 　　三是改革行政审批制度,认真清理并简化了行政审批的项目和程序,探索建立了并联审批模式和集中办理模式。

第三节　构建可持续发展的产业体系

西部大开发战略实施以来，特别是 2003 年以来，成都大力推进"三个集中"，加大重大产业化项目的推进和城市基础设施建设，加快工业化和城市化进程，产业结构不断优化，逐步形成了内在关联、良性互动的可持续发展产业体系（图 3）。

目前，成都正在着力构建以现代服务业和总部经济为核心、以高新技术产业为先导、以现代制造业和现代农业为基础的现代产业体系，在产业结构升级改造中，逐步形成了城乡一体、梯度布局、三次产业协调发展的良好格局。

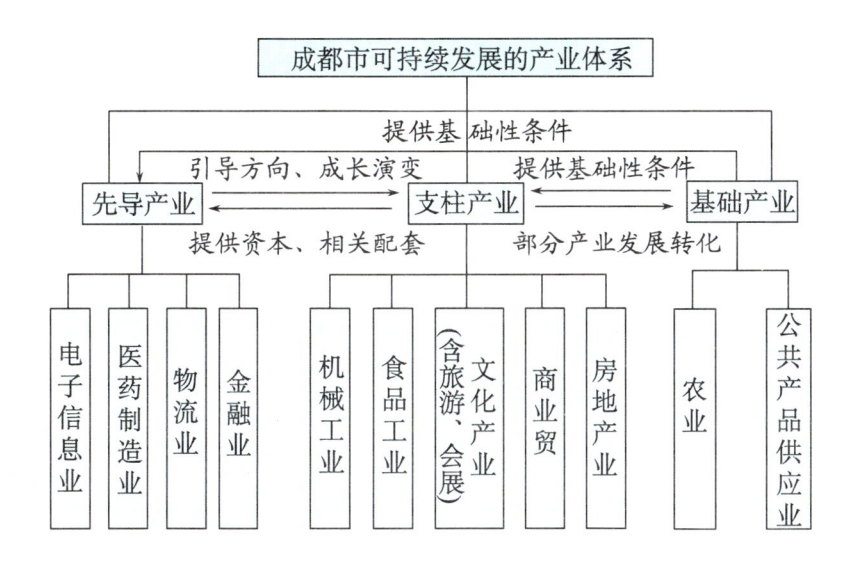

```
                    成都市可持续发展的产业体系
                              │
        ┌─────────────────提供基础性条件─────────────────┐
        │  引导方向、成长演变         提供基础性条件       │
     先导产业 ←──────────→ 支柱产业 ←──────────→ 基础产业
        │   提供资本、相关配套    部分产业发展转化       │
   ┌──┬──┬──┬──┐    ┌──┬──┬──┬──┬──┐        ┌──┬──┐
  电  医  物  金    机  食  文  商  房        农  公
  子  药  流  融    械  品  化  业  地        业  共
  信  制  业  业    工  工  产  贸  产              产
  息  造          业  业  业      业              品
  业  业                （含                        供
                        旅游、                      应
                        会展）                      业
```

图3　成都可持续发展的产业体系

一、大力发展现代服务业

当前，成都的工业化进程正处于中期向后期跨越的节点上，产业结构升级是工业化发展的客观要求和必然

趋势。在建设"两枢纽、三中心、四基地"的城市定位下，成都提出要以生产性服务业的快速发展大力推进新型工业化、新型城镇化和农业现代化，以民生性服务业的提档升级提升城市品位，引领中西部消费前沿，构建可持续发展的国际化、专业化、集约化、均衡化的服务业体系，努力把成都建设成为带动四川、影响全国、走向世界的现代服务业基地。

目前成都以生产性服务业发展为重点，着眼于"合理布局、完善功能、调整结构、提升能级"，按照"一圈层优先发展、二圈层做大做强、三圈层加快崛起"的总体思路，着力在中心城区建设核心集聚区、在二圈层建设重要功能区、在三圈层建设特色功能区，初步形成"一核集聚、四城辐射、两带带动"的空间发展格局（表4）。

表 4　成都现代服务业重要功能区的发展重点

功能区		发展重点
一核	"两轴四片"集聚区	以人民路、东大街为中轴,以天府广场—陕西街片区、红星路—盐市口片区、骡马市片区和猛追湾—游乐园片区为主要载体,重点发展金融、商务、商贸和总部经济等
	"198"区域	文化创意、健康休闲、商务和总部经济等
四城	北部商贸城	商贸（批发）、物流（铁路、公路）及配套商务服务业
	南部科技商务城	科技商务、会议展览、软件及服务外包、金融商务总部和空港物流
	东部工业商务城	现代制造业服务的研发设计、工业物流、展示交易、教育培训和中介服务
	西部健康休闲城	医疗康复、体育健身、教育培训和休闲旅游
两带	龙门山旅游发展带	观光旅游、度假旅游、乡村旅游、探险体验
	龙泉山旅游发展带	度假休闲旅游

二、重点发展符合成都市情的新型工业

随着西部大开发战略的实施与推进,成都工业经济逐步进入由传统工业化向新型工业化道路转型的关键时期。成都结合自身发展条件,大力实施产业结构调整战略,积极扶持经济贡献高、带动作用强、就业吸纳能力强的行业,逐步确立了电子信息、机械(汽车)、石油化工、冶金建材、医药、食品(含烟草)六大重点产业,并相继出台了汽车、冶金建材、生物医药等十一大重点产业集群规划。2008年成都六大重点产业规模以上工业增加值占到了全市工业的77.7%,重点产业集群不断发展壮大(表5)。

表5 成都工业重点产业及产业集群

六大重点产业					
电子信息	机械（汽车）	石油化工	冶金建材	医药	食品（含烟草）
十一大重点产业集群					
汽车	冶金建材	生物医药	电子信息	光伏光电	食品
家具	装备制造	航空航天	制鞋	石化	

成都自2004年启动工业集中发展区布局建设以来，按照产业空间布局的区位寻优和"一区一主业"原则，不断制定和完善工业发展规划，把116个工业园区整合优化为21个工业集中发展区，形成了中心城区重点发展总部经济和高新技术产业，第二圈层重点发展现代制造业，第三圈层重点发展传统产业和特色优势产业的梯度产业发展新格局。

对于不符合本区域发展规划的招商引资项目，则在全市范围内进行统筹和流转。"一区一主业"的产业定位和项目统筹流转办法的实施进一步加快了成都工业空间布局的优化，工业集中发展区的建设和发展取得了明显成效。2008年，全市工业集中发展区规模以上工业企业达1 775户，工业集中度达到68.2%。

三、积极发展富有成都特色的现代农业

自然资源禀赋和经济社会发展现状使成都具有发展都市型现代农业的基础和潜力。围绕现代农业可持续发展的要求，成都积极发展农业特色优势产业，通过优化农产品区域布局，实现资源优化合理配置，推进农业产业化快速发展。

成都立足于农业资源优势、区位优势和产业优势，以国内外市场需求为导向，科学编制了全域现代农业发展规划，以"城乡一体、分工协同、梯度推进"的发展战略优化了农业产业结构和区域布局，大力发展特色优势产业，粮油、畜禽、蔬菜、水果、茶叶、花卉、中药

材、水产和林竹等特色优势产业发展已具相当规模。2008年,全市农业优势特色产业规模化生产基地达到212个,其中标准化基地158个。

在组织形式上,成都以农村合作经济组织推动农业现代化进程。农村合作经济组织既是促进农业现代化进程的有效载体,也是提高农民组织化程度、促进农村管理民主化的重要途径。成都市各区市县对建立健全农民专业合作经济组织和新型集体经济组织的运行机制进行了大量探索,对供销社运行体制和服务方式进行了深化改革,"合作社＋基地＋农户"、"村企合一"等模式得到进一步发展和完善。截至2008年年底,全市农村专合组织和新型集体经济组织达到2590个。农村合作经济组织的发展带动了农业标准化生产,促进了农产品统一营销、统一经营,提高了农业发展的集中度,壮大了集体经济实力,为成都市现代农业发展提供了重要组织保证。

第四节　加大对外开放的广度与深度

改革开放后,成都不断通过"借船出海"、"筑巢引凤"等战略来实现对外开放,形成了以产业开放为内容、经济园区为载体、经济协作为手段的城市带动农村的全方位对外开放格局,实现了从封闭到开放的历史性跨越。

一、外商投资与产业聚集

作为西部地区的特大中心城市,成都是国务院确定的"三中心、两枢纽",与重庆、西安、昆明、贵阳等西部城市相距半径500公里左右,具有经济学意义上的最佳辐射半径。成都由此成为东中部进入西部的桥头堡，成为内外资企业进入西部市场的战略门户（图4）。近年来，成都枢纽城市的地位日益显现，在承接产业转移上也越来越得到国内外投资商的青睐。截至2009年年底，来成都投资的世界500强企业达139家，成为中国服务外包的主要目的地城市。2008年成都市跻身全球服务外包新兴城市50强（第37位），在排名上仅次于新加坡（第36位），聚集了IBM、EDS、WIPRO、GENPACT等众多世界知名发包商。

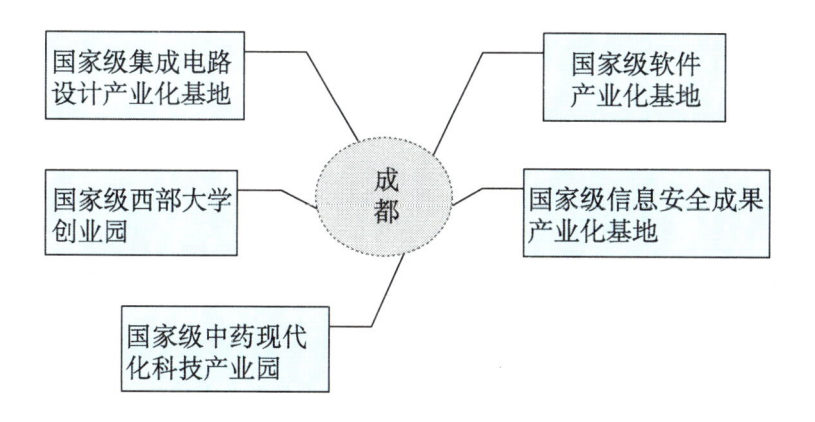

图4 成都的五大国家级产业化基地

二、对外交流与投资发展环境

在国际航空方面,成都双流国际机场是中国中西部最大的航空枢纽,其客运吞吐量和货运吞吐量均位居全国第六位。目前成都已与70个国内城市和26个国家、地区、城市建立了空中航线,已开通荷兰阿姆斯特丹、新加坡、吉隆坡、卡拉奇等国际直飞航线,开通了成都至台湾直飞定期航班和成都至香港的定期货运直飞航班,开通了洛杉矶、温哥华、伦敦、巴黎、纽约、旧金山、法兰克福、大阪、东京等国际中转联程航班。

在国外政府驻蓉机构数量上,到目前为止,已有美国、德国、法国、韩国、泰国、新加坡等九个国家在成都设立领事机构。成都外国领事机构数量在内地仅次于上海和广州,在中西部地区城市中位居第一。

在投资环境营造方面,近年来成都不断加强综合环境建设,树立了强烈的开放意识,弥补了要素禀赋不足的缺憾,良好的投资发展环境越来越受到全球投资者的关注。2004年以来,成都相继被台湾电机电子公会评为中国大陆"极力推荐"投资的城市;被中央电视台评为中国十大最具经济活力的城市;被《财富》杂志评为中国十大商务城市。2007年,成都荣膺"中国十大最具投资价值城市"、"中国内陆投资环境标杆城市"等称号。2008年、2009年成都连续两年被授予"中国物流中心城市杰出成就奖"。

成都在对外开放领域的深入发展,为其打造全球城市网络中的节点城市奠定了扎实基础,并有望成为西部通向世界的"通道城市",有助于其进一步加快区域性国际大都市建设步伐。

第五节　区域合作与发展

成都市先后与眉山、资阳、乐山、阿坝、凉山等市（州）分别签订了相关的区域合作框架协议，积极开展双边区域合作。坚持"平等互利、政府推动、市场主导、充分合作"的原则，"从能做的事先做起"，相继启动了一揽子重点合作项目，通过定期联席会议制度，确保合作稳步推进。其中，成都市与眉山市、资阳市地缘相邻，相互间的合作以共建工业园区为平台、以交通基础设施一体化建设为突破口，探索出一条加快区域合作发展的新模式。

作为成都经济区与成渝经济区的中心城市，成都在不断总结区域合作实践的基础上，积极主动地推进成都经济区及成渝经济区的区域合作朝实质性合作方向发展，致力于努力发挥成都作为区域性特大中心城市和省会城市的引领与带动作用。

成都围绕"三轴三阶梯"所开展的探索与实践，充分展现了其跨越式发展的实现路径。在不断的探索与总结中，成都"复合城市化、要素集中化、城乡一体化"的发展主线与不同阶段的实践和做法相融合、相交织，取得了显著成效，有效加快了城市的工业化与城市化进程，从而形成了有成都特色的新型工业化、城市化和农业化道路。

第四章　典型案例分析

近年来，成都以"三轴三阶梯"为发展主线，以城乡统筹为战略导向，以要素市场化改革为重点，在投资体制改革、农村产权制度改革、城乡产业一体化等方面进行了积极探索，并取得了显著成效，在全国具有较强的示范效应和典型意义。

第一节　农村产权制度改革

土地是最重要的生产要素。实现农村土地与市场的对接，促进土地要素市场化，进而带动"农村劳动力"要素的自由流动，是破解城乡二元体制的关键。

成都市于 2008 年 1 月 1 日出台了《关于加强耕地保护进一步改革完善农村土地和房屋产权制度的意见（试行）》，在全国率先启动了农村产权制度改革，推动建立"归属清晰、权责明确、保护严格、流转顺畅"的现代农村产权制度，以"还权赋能"为核心，对农村土地和房屋实施确权、登记和颁证，将农民对土地和房屋的财产权落到实处；设立了市、县、乡三级农村产权交易中心，推动农村产权规范、有序流转。其中，以"还权赋能"

为核心的确权颁证,在成都统筹城乡各领域的先行先试工作中成为一大亮点。

确权颁证是指将宪法规定的农村各种产权通过权证的形式确定到户,使之成为农民的法定资产,并赋予可流转的要素禀赋,以及市场化的资本禀赋。这一举措是建立健全现代农村产权制度的基础性环节,不仅明晰了农村土地权属,而且为多种形式的适度规模经营培育了市场环境,为使"农村劳动力"要素随"土地"要素在城乡市场之间自由流动,提供了经济和社会保障。

> **专栏 农村产权制度改革成效——确权改革扎实推进**
>
> 一是深入开展宣传发动,切实调动农民的改革积极性。一方面通过强化培训,统一各级干部的思想认识;另一方面通过多样宣传,使农村产权制度改革相关政策入村入组、入户入心,调动了农民群众参与改革的积极性和主动性,夯实了改革的群众基础。
>
> 二是坚持"还权赋能",充分发挥农民的主体作用。确权改革方案的制定和实施都由群众讨论决定,民主选

举村民代表或组成"村民议事会"按民主程序处理改革过程中出现的矛盾和问题,将调查摸底结果、颁证程序、确权颁证情况等上墙公示,做到公开透明、阳光操作,农民群众自始至终行使了民主权利,发挥了主体作用。

三是结合实际,探索创新改革办法。各区(市)县在改革试点积极探索,创新出许多有效可行的做法,解决了农村产权制度改革工作中的重点、难点问题。2008年,全市共有222个乡镇、1 700个村(涉农社区)、24 247个组(社)开展农村产权制度改革工作,涉及农户122.49万户。完成入户摸底117.09万户,完成土地测绘95.10万户,完成确权公示75.83万户,完成确权颁证37.84万户,分别占1 700个村(涉农社区)农户总数的95.6%、77.6%、61.9%、30.9%。

经过两年的实践,成都农村产权制度改革取得了丰硕的成果。通过全市范围的农村土地实测确权颁证,提升了农村土地权属明晰度;通过在全国率先建立农村产权交易中心,完善农村土地流转担保等配套政策,提升了农村土地流转活跃度;通过大力实施土地整理和开展"城市建设用地的增加与农村建设用地的减少相挂钩"试点，提升了农村土地的集约利用水平和城乡土地要素流动的自由度；通过创新集体建设用地使用权流转办法，着力推进城乡土地同权同价，为构建城乡一体的土地制度做出了积极探索。

第二节 建立健全统筹城乡的就业和社保机制

为确保进入城镇农民的稳定就业、生活安心，成都将城镇公共就业服务政策向农民延伸，在促进进镇农民就业方面做了大量工作：

一是加强农民集中居住区劳动保障工作平台建设，建立覆盖城镇和农村的人力资源信息网络，实施城乡劳动力就业实名制动态管理和劳动保障监察网格化动态管理。郫县、温江区把农民集中居住区劳动保障站纳入统一建设规划，打造了一流的劳动保障工作平台。

二是对农村劳动力实施转移就业引导性培训、就业技能培训、创业培训、实用技术培训四大类免费培训，为农民工提供技能培训补贴和技能鉴定补贴，提高了农民在城镇就业的竞争能力。

三是实施就业援助制度，通过就业援助962110服务热线"一对一"工作机制，托底安置就业。

四是鼓励和扶持"家庭创业"和社区灵活就业。对失地农民个人或家庭自主创业的，进行政策扶持。鼓励发展街道、社区劳务派遣组织，组织失地农民和农村富余劳动力到就近就地的工业集中发展区就业和第三产业服务业就业。

这些措施都对促进农民在城镇稳定就业产生了积极效果。据统计，截至2008年6月末，失地农民集中居住区劳动力12.53万人，就业12.03万人，就业率为96%，基本实现了比较充分就业。就业结构实现了由2002年的

一、三、二转变到 2007 年的三、二、一，初步解决了"三个集中"过程中"人往哪里去"的关键难题。

此外，为解决好农民进入城镇的医疗、养老等社会保障问题，成都还积极将社会保险向农村、农民延伸。

一是健全完善征地农转非人员社会保险制度，对 2004 年以后新征地农民将一次性货币化安置改变为纳入城镇基本养老、医疗保险的强制性制度安排；对 2004 年以前的已征地农民，市县两级财政安排十年内注入 45 亿元补贴资金，追溯解决其社会保险问题。

二是健全完善农民工综合社会保险制度。于 2003 年在全市启动实施农民工综合社会保险，目前参保农民工保险待遇扩大到了工伤补偿、住院医保和老年补贴、门诊补贴、计划生育补贴五项，其中工伤补偿、住院医保与城镇职工同等。

三是健全完善新型农村合作医疗制度。2004 年 4 月，在全市农村普遍推行新农合制度，率先在全国省会城市实现新农合全覆盖。

四是先行先试新型农民养老保险。在国家没有农民养老保险制度安排的情况下，按照"城乡衔接、农民自愿、个人缴费、政府补贴"的思路，采取"农民自己缴费一部分，集体经济组织补助一部分，政府补贴一部分"的筹资方式，探索实行社会统筹与个人账户相结合的农民养老保险制度，并在邛崃市粮食规模化经营综合试点区进行了农民土地承包经营权换社保试点。通过这些制度安排和实施，一定程度上解决了农民向城镇集中的后顾之忧，加快了农民向城镇集中的速度。

第三节　开展"一区一主业"的工业空间重构

2008年2月1日，《成都市人民政府关于加快工业集中发展区建设发展的试行意见》及《成都市重大工业招商引资项目统筹流转试行办法》正式下发。根据两个文件的规定：一个工业集中发展区重点支持发展一个产业，进一步调整优化全市 21 个工业集中发展区产业布局，努力形成中心城区重点发展总部经济和高新技术产业，近郊区重点发展现代制造业和生产性服务业，远郊区重点发展传统产业和特色优势产业的梯度产业发展新格局。同时还指出要严格执行工业集中发展区空间布局规划，严禁擅自改变工业用地用途，凡是新建工业企业必须进入工业集中发展区，鼓励引导工业集中发展区外的企业按照产业定位迁入相应的工业集中发展区。对于不符合本区域发展的招商引资项目，则在全市范围内进行统筹、流转（表6）。

表 6　成都工业集中发展区"一区一主业"产业定位

序号	集中发展区	重点支持产业
1	成都高新区	电子信息、生物医药制造业及相关生产性服务业

续表

序号	集中发展区	重点支持产业
2	锦江工业集中发展区	文化创意、工业设计及相关生产性服务业
3	青羊工业集中发展区	航空制造业及相关生产性服务业
4	金牛工业集中发展区	轨道交通制造业及相关生产性服务业（北区）
5	武侯工业集中发展区	轻工设计、电子信息服务及相关生产性服务业
6	成华工业集中发展区	机电设备研发及相关生产性服务业
7	成都经济技术开发区	汽车和工程机械制造业及相关的配套生产性服务业
8	温江工业集中发展区	电子通信设备制造业及相关的配套生产性服务业
9	青白江工业集中发展区	冶金建材制造业及相关的配套生产性服务业
10	新都工业集中发展区	机电装备制造业及相关的配套生产性服务业
11	双流工业集中发展区	新能源装备制造业及相关的配套生产性服务业
12	郫县工业集中发展区	电子电气设备制造业及相关的配套生产性服务业
13	都江堰工业集中发展区	中成药、健康食品制造业

续表

序号	集中发展区	重点支持产业
14	彭州工业集中发展区	塑胶制造、服装加工业
15	邛崃工业集中发展区	农副食品加工、饮料制造业
16	崇州工业集中发展区	家具、皮革、装饰装修材料制造业
17	金堂工业集中发展区	新型建材、环保设备制造业
18	大邑工业集中发展区	轻工产品、通用机械制造业
19	蒲江工业集中发展区	食品饮料制造业
20	新津工业集中发展区	精细化工、新材料制造业
21	石化基地	石油化工制造业

专栏 产业结构调整、工业空间重构
——东郊老工业区的调整改造

（一）东郊工业区的形成和调整前的状况

新中国成立以来，国家在成都市东郊地区布局了以电子、冶金、机械制造等产业为主的骨干企业，经过多年的发展，到2000年，在锦江、成华两区建成区内，已先后聚集了169户中央、省、市、区属规模以上工业企业，总资产达到322亿元，从业人员15.3万人，这些企业为成都市经济社会发展作出了重要贡献，也使得东郊成为成都市最早的工业聚集区。

随着城市规模的扩大，东郊老工业区体制性、结构性问题逐步显现，制约经济发展的深层次矛盾日益突出。2000年东郊169户规模以上工业企业总资产负债率达67%，高于全市规模以上工业企业10个百分点；仅实现销售收入141.1亿元，净利润为5 979万元；成华、锦江两区内的有73.3%的企业面临亏损，亏损额占全市规模以上企业的37.9%，对东郊老工业区进行结构调整已是刻不容缓。

(二) 东郊工业区调整的实施办法

2001年8月，成都启动了东郊老工业区的结构调整工程（以下简称"东调"），计划用5～10年的时间完成。在实施过程中，主要做法是：

1. 以企业为主体，通过市场手段，利用城区土地与各区（市）县开发区土地的地价差额获得资金，对东郊企业实施搬迁改造，进行"腾笼换鸟"；

2. 通过对企业搬迁后的土地实施综合开发，改善东郊城市环境，提升城市形象；

3. 坚持规划先行，对东郊工业区的城市功能进行重新定位，实施综合开发；

4. 通过引导搬迁企业按产业规划导向向工业集中发展区集中，优化成都的工业布局；

5. 通过招商引资、联合重组、体制创新、技术改造、产业产品结构调整实现搬迁企业的发展壮大，构建成都工业经济新高地。

东调提前于2006年年底基本完成。截至2007年年底，启动搬迁改造的160户规模以上企业，已有90%的企业实现新厂竣工投产，90%的企业完成老厂土地处置。

（三）东郊工业区调整对优化工业布局的影响

"东调"不仅解决了成都城市环境的改善、城区用地结构的优化、企业组织结构的调整等问题，还极大地推进了成都工业布局的调整和优化。通过政府规划的引导，外迁企业聚集产生的规模效应逐步形成。成都经济技术开发区和新都区重点发展机械、电子、建材、食品等加工工业，青白江区重点发展化工、冶金工业，因此"东调"过程中90%涉及搬迁的企业主动迁往位于龙泉驿的成都经济技术开发区、新都区、青白江区等区（市）县。同时，东郊外迁的企业，通过投资拉动，在城市外围形成了新的经济增长点。

东郊企业搬迁按统一的产业布局规划进行，实现了工业向园区集中和产业聚集，产业布局更趋合理，聚集效应逐步显现。攀成钢无缝钢管生产区迁至青白江，奠定了青白江区冶金主导产业地位;一汽技改项目迁往龙泉驿,突出了该区的汽车产业主导地位;成发集团等制造业迁移至新都后,该区的装备制造业主导地位得以巩固,宏明电子、国光电子、虹波实业等六家电子元器件企业搬迁至成都经济技术开发区,形成了经开区发展电子元器件的基础,壮大了电子元器件产业集群发展。"东调"前,电子产业占经开区的比重为15%～20%,"东调"后,这一比重已上升到30%,同时经开区电子元器件产值也占到全市该行业产值的50%以上,2005年9月经开区又被国家信息产业部批准为国家(成都)电子元器件产业园。

第四节 投资体制改革

2001年4月以来,成都市相继出台了《关于加快成都市投资体制改革的决定》和 13 个配套文件，规范完善了相关的法律法规及政策措施，对传统投融资体制进行了全面而深刻的改革。2004 年，在国务院颁布《国务院关于投资体制改革的决定》进一步明确我国投资体制改革的方向后，成都市按照城乡统筹、"四位一体"科学发展总体战略部署，进一步拓展了改革领域、加大了改革力度。实践证明，改革极大地优化了投资环境，促进了经济社会发展，提高了城市竞争力。

一、切实减少市场准入限制

放开市场准入，对各种投资主体一视同仁，实行国民待遇。凡法律、法规和政策未明确限制的投资领域，对所有投资者全面开放。清理、规范投资领域中的行政法规和收费，降低政府服务成本，减轻投资者负担，逐步废止了不适应市场经济要求的行政法规和规章。认真清理并简化了行政审批的项目和程序，调整取消审批事项 845 项，取消了 74 个办事环节和 53 件申报材料，压缩办理时限 6 665 个工作日，探索建立了"许可预告、服务前移、一窗受理、内部运转、并行审批、限时办结、监控测评"的并联审批模式和"一个窗口受理、一个处室审核、一个领导审批、一个公章办结"的集中办理模式。

二、改革投资项目管理方式

按项目资金来源的不同，将投资项目分为政府投资项目和非政府投资项目。对国家非限制类的非政府投资项目，在市级审批权限内实行登记或备案制。对需要审批或登记备案事项有前置条件或需相关部门联合办理的，由主办部门统一受理，并负责答复。属于国家限制类的非政府投资项目，按上级规定方式管理。对政府投资项目实行投资、建设、运行管理、监督"四分离"的体制，形成"政府—投资公司—建设公司—运营公司"四个层次，明确投资、建设、运营各个不同阶段不同主体的责、权、利，以市场化办法协调各主体间的关系。

三、合理有效配置政府控制资源

在土地资源调控方面，政府高度垄断一级市场，统一征地，统一供地；放开激活土地二级市场。实行土地收购储备制度，增强政府对土地市场的调控力度。在财政性资金调控方面，行政性收费实行统一收取，统筹使用，进一步强化收支两条线的管理，对固定资产投资项目实行"一门式"集中收费。在特许经营权方面，对出租汽车运营、加油站、加气站、公交运营线路等特许经营项目及其他特许经营权的出让通过公开向社会招标、拍卖等方式实现，出让收益纳入财政性资金进行管理。

在基础性国有资产方面,对包括收费公路和桥梁、自来水设施、污水处理设施、垃圾处理设施、城市公交设施、天然气输配设施、电力设施等,主要通过资产经营权转让、股权转让、特许经营权转让、合资合作等多种方式对国内外投资者开放。

四、建立农村多元化投入机制

切实加大各级财政对"三农"的投入力度,明确规定:农村土地整理和拆院并院节约的集体建设用地指标,经批准后等量挂钩到规划建设用地区有偿使用,所获收益必须全部用于现代农业发展和农村建设。改革财政对"三农"投入的方式,按照"政府引导、市场化运作"的方式,组建市县两级现代农业发展投资公司和小城镇建设投资公司,并组建了市级现代农业物流业投资公司,建立了政府引导、市场运作的投融资平台。健全吸引社会资金投向农村农业的机制，发布《现代农业发展投资指南》，调动社会资本投入农业和农村的积极性。

第五章 成都经济社会发展能力指标体系设计与测算分析

为了进一步深入分析成都经济社会发展的状况，课题组专门设计了成都经济社会发展能力指数，通过定量的方法测算了成都1999年至2008年的发展状况，并进行了结构分析。

第一节 成都经济社会发展能力指标体系设计

在进行成都经济社会发展能力指标设置时，要注意指标的系统性、覆盖范围和针对性，并尽可能保持测评指标体系的稳定。课题组在选取指标时遵循以下原则：整体性（总体性）原则、科学与可行相结合的原则、指标之间互补性原则、可比性原则、导向性原则。

从着眼于定量分析成都经济社会发展能力的角度设计相关的指标体系，经反复研究，课题组确定设定1个总指数、5个一级指标、32个二级指标。

在指标选定以后，我们进行了数据的收集与整理工作。大部分指标数据我们直接从历年成都统计年鉴中直接摘取；有一部分需要通过统计年鉴数据进行计算；个别数据需要进行简单内插计算获得。

为了进行数据的合成，需要对各指标的量纲数据进行无量纲化处理。其前提条件是确定各指标的量纲数据的标准值，为此，参考了《成都市国民经济和社会发展第十一个五年发展规划纲要》、《成都市统筹城乡促进经济发展方式转变研究》、《国家生态园林城市标准（暂行）》等文件与研究成果。对部分没有具体参照标准的指标，在对比国内相关省市发展水平的情况下，结合成都实际发展水平，课题组对相关指标的标准值进行了独立设定。

在进行指标无量纲化处理的过程中，对不同属性的指标需要进行分别处理。本课题32个二级指标中，有26个正向指标、6个逆向指标。正向指标进行无量纲化处理时，标准值作为分母，具体年度数据作为分子，除数为该指标的无量纲数据。逆向指标进行无量纲化处理时，标准值作为分子，具体年度数据作为分母，除数为该指标的无量纲数据。所有无量纲数据取值介于0与1之间，

表7 成都经济社会发展能力指标体系

	指标	指标属性	单位	权重	标准值	标准值选择参考依据
(一)	**经济发展**			**0.237**		
1	GDP增长率	+	%	0.1175	12	成都"十一五"规划纲要
2	人均GDP	+	元	0.1375	68 200	课题组设定
3	财政收入	+	亿元	0.11	380	成都"十一五"规划纲要
4	城镇居民可支配收入增长率	+	%	0.11	8	成都"十一五"规划纲要
5	农村居民纯收入增长率	+	%	0.115	8.5	成都"十一五"规划纲要
6	规模以上工业增加值增长率	+	%	0.0925	18	课题组设定
7	GDP中第一产业比重	−	%	0.0825	5	成都"十一五"规划纲要
8	GDP中第三产业比重	+	%	0.12	50	成都"十一五"规划纲要
9	外贸依存度	+	%	0.115	40	课题组设定

续表

	指标	指标属性	单位	权重	标准值	标准值选择参考依据
(二)	**社会发展与公共服务**	+		**0.279**		
10	常住人口平均预期寿命	+	年	0.202 5	78	课题组设定
11	人口自然增长率	−	‰	0.155	4	成都"十一五"规划纲要
12	治安案件万人立案数	−	起/万人·年	0.142 5	40	课题组设定
13	教育支出占财政一般预算支出比重	+	%	0.14	15	课题组设定
14	每万人拥有执业医师数	+	人	0.102 5	30	课题组设定
15	每万人拥有医院、卫生院床位数	+	张	0.112 5	90	参照《国家生态园林城市标准（暂行）》
16	新增养老保险参保人数	+	万人	0.145	50	成都"十一五"规划纲要
(三)	**创新能力**	+		**0.172**		

续表

	指标	指标属性	单位	权重	标准值	标准值选择参考依据
17	研究与开发(R&D)经费支出占GDP比重	+	%	0.195	2.5	课题组设定
18	万人拥有科技活动人员数	+	人	0.155	35	课题组设定
19	每万人发明专利授权数	+	件	0.205	12	课题组设定
20	高新技术企业产品销售收入占规模以上工业企业销售收入比重	+	%	0.145	40	课题组设定
21	高新技术企业产品销售收入中高新技术产品收入比重	+	%	0.13	80	课题组设定
22	科技创新景气指数	+	%	0.17	150	课题组设定
(四)	**城乡一体化水平**	+		**0.156**		
23	城市化率	+	%	0.255	70	课题组设定
24	累计流转农用地面积占农用地总面积比例	+	%	0.175	55	课题组设定

第五章 成都经济社会发展能力指标体系设计与测算分析

续表

	指标	指标属性	单位	权重	标准值	标准值选择参考依据
25	各区县人均固定资产投资变异系数	—	无量纲	0.165	0.4	课题组设定
26	各区县人均财政支出变异系数	—	无量纲	0.17	0.2	课题组设定
27	城乡居民收入比	—	无量纲	0.235	2	课题组设定
(五)	**资源环境承载能力**	+		**0.156**		
28	人均耕地面积	+	公顷/人	0.197 5	0.093 3	课题组设定
29	人均拥有道路面积	+	平方米/人	0.2	12	课题组设定
30	空气污染指数（API）≤100的天数占全年天数的比例	+	%	0.215	100	课题组设定
31	用水普及率	+	%	0.185	100	课题组设定
32	建成区绿化覆盖率	+	%	0.202 5	45	参照《国家生态园林城市标准（暂行）》

注：指标属性一列中，+为正向指标，—为逆向指标。

正向指标超过标准值的数据均折为 1，负数折为 0；逆向指标中低于标准值的数据均折为 1。

为了进行指标的计算，我们需要对指标权重进行设计。本课题采用德尔菲方法选取一级、二级指标权重。为此，我们发放并回收了 10 份有效专家的问卷调查，对专家问卷的相关权重调查数据进行简单平均得到本课题的各级指标权重。

以上关于具体指标的选取、指标单位、指标属性、指标标准值、指标标准值选择参考依据，见表 7。

第二节 成都经济社会发展能力指标计算及分析

在以上工作的基础上，我们对相关数据进行了计算，得到了历年成都经济社会发展能力总指数、各一级指标数据。

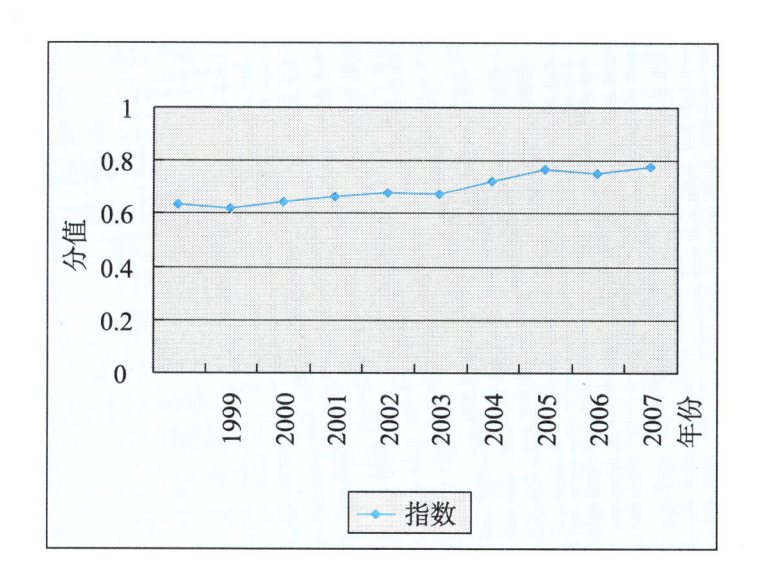

图 5 成都经济社会发展能力指数

从计算结果数据的时间序列看，成都经济社会发展能力指数从 1999 年的 63.31（以下以百分制计）上升到 2008 年的 77.37，年均增长 2.25%。这说明十年来成都经济社会发展能力有了明显提高。

从 2008 年成都经济社会发展能力各一级指数的发展

水平看，最高的是经济发展指数，最低的是创新能力指数，相对平稳的是社会发展与公共服务指数和城乡一体化指数。从各一级指数的增长情况看，增长最快的是经济发展指数和创新能力指数，年均分别增长 4.85%、3.01%；增长相对稳定的是城乡一体化指数和社会发展与公共服务指数。深入分析各指标后可以发现，成都经济发展较快主要得益于经济增长、财政收入和城乡居民收入等增长较快。在社会发展与公共服务方面，成都市在人口预期寿命、人口自然增长率、社会和谐、财政支出中教育与医疗支出比重等方面较为平稳，而在社会保障方面进步较快。需要指出的是，如果说创新能力指数衡量的主要是企业的创新投入和创新能力，而企业创新能力又是经济增长的重要源泉，那么成都的创新能力指数总体较低而增速较快，可以说明两个问题：一是在推动经济快速增长的过程中，对于企业创新不足，政府创新在一定程度上具有弥补功能；二是通过不断改善投资环境，政府创新对于企业创新会产生积极的推动作用。

第六章 国际比较及借鉴

根据发达国家的城市化经验，当一个国家或地区的人口城市化率达到50%时，经济社会发展一般都会经历根本性的质变。自西部大开发战略实施以来，成都的对外开放程度已经达到较高水平，城市功能逐步完善，城市规模逐步扩大，城市影响力逐步提升，已经成为我国西南地区的科技、商贸、金融中心和交通、通信枢纽。2007年，成都人均GDP达到4 108美元，城市化率超过60.4%。以"三轴三阶梯"为代表的成都模式既呈现出鲜明的国际化、全球化特点和趋势；同时也反映出处于城市化转型期城市所面临的压力和问题。因此，有必要借鉴国际大都市的发展模式和特点，并从中汲取有益经验。

第一节 "芝加哥模式"vs."成都模式"

作为仅次于纽约和洛杉矶的美国第三大城市，芝加哥在经历了30多年从被动到主动的产业转型后，成功实现了从制造业基地向国际大都市的真正转型，并逐渐成长为在全球具有一定影响力的城市。其所形成的多元经济发展方式被誉为"芝加哥模式"。当前，成都面临着类似芝加哥在20世纪60年代到20世纪70年代经济转型时期的内外环境，芝加哥把握区位优势、调整产业结构、推动现代制造业和服务业发展的经验及做法值得成都借鉴与参考。

一、城市基础比较

表8 成都与芝加哥比较

	成都特点	芝加哥特点
区位与外部联系	作为西南地区的中心城市,具有广阔的区域市场空间。但由于地处西南内陆,远离沿海或沿边口岸,地域相对封闭,在一定程度上制约了成都工业化道路的外向型经济特征。	美国东、西两岸水陆空铁交通枢纽,全国最繁忙的铁路、公路和航空中心,被称为"美国的动脉"、"北美的十字路口"。芝加哥是美国最大的铁路枢纽,美国中北部30多条铁路线的集结点,年货运量5.12亿吨。
现有产业结构	经济发展以固定资产投资和内需消费拉动为主。第二产业增加值占到GDP的40%~50%,六个支柱产业包括:电子信息、机械与汽车制造、石化、食品烟草、冶金建材、生物医药。第三产业增加值占到GDP的50%~55%,其中餐饮批发零售业占到13%。旅游业和房地产业是第三产业的两大支撑点。	美国最重要的工业基地之一。工业门类齐全,重工业占相当优势,轻工业亦很发达,现是美国最大的钢铁和肉类加工基地。现已形成以服务业为主体的多元经济发展模式,在推动现代制造业发展的同时,大力发展以生产者为对象的商贸、金融、咨询、会展等现代服务业。
科技资源	拥有四川大学、西南交通大学、中科院成都分院等多所国内知名学府,现有研究院所70个,企业技术中心31个,国家重点实验室6个,国家专业、重点实验室(中心、基地)31个,国家工程(技术)研究中心和企业技术中心9个。	美国最重要的文化教育中心之一。科教资源优势显著。市内有57所大学,其中芝加哥大学、伊利诺伊大学、伊利诺伊理工学院、西北大学等著名学府斐声国内外。芝加哥拥有516个科研中心,其中费米实验室和阿贡实验室是美国最早研究核能的地方。

二、产业多元化战略

作为内陆城市,芝加哥曾经是以生产钢铁和农产品而闻名的传统工业重镇。然而,自20世纪60年代以来,作为"工业锈带"的核心,芝加哥也曾面临经济下滑、城市衰退、人口流失等城市问题。面对复杂的城市经济、社会问题,芝加哥通过实施了产业多元化战略,进行产业调整、转型与升级,到20世纪90年代基本完成了经济调整与转型,实现重新复兴。

芝加哥打造以服务业为主体的多元经济结构主要体现在以下三方面。**一是重点推动第三产业发展(见专栏)**。进入21世纪后,全球服务业对经济增长的贡献率已经明显超过第一、第二产业。2004年,全球服务业增加值占全球GDP的比重已经达到68%。服务经济的基本标准是服务业的增加值占GDP的比重超过60%。根据这一指标测算，2007年成都三次产业结构已经达到7.1∶45.2∶47.7，服务业已逐步成为本地经济发展的主要支柱之一。但是，成都服务业的发展与国际城市相比仍存在着一定

表9　芝加哥（2006）与成都（2008）分行业就业情况比较①

产业	芝加哥	成都	成都与芝加哥比重差距
贸易、运输与公用事业	20.0%	8.2%	－11.8%
政府部门	12.5%	7.6%	－4.9%
教育与健康医疗	12.6%	14.5%	1.9%
商务服务业	16.8%	6.7%	－10.1%
制造业	10.2%	27.0%	16.8%
休闲宾馆业	8.7%	2.8%	－5.9%
金融活动	7.8%	2.2%	－5.6%
建筑业	4.5%	23.4%	18.9%
其他服务业部门	4.6%	1.6%	－3.0%
信息技术业	2.2%	0.83%	－1.37%
自然资源与采矿业	0.0%	0.25%	0.25%

资料来源：《2007～2008世界服务业重点行业发展动态》；《2009成都统计年鉴》。

① 由于中美统计口径有所差异，故统计指标存在误差。

差距，主要体现在服务业总量偏小、增速不快，尚未形成核心优势产业等。与成都相比，芝加哥充分发挥并加强了传统金融贸易中心的地位，大力发展商业贸易、金融业、会议展览及旅游业，使服务业成为城市经济的主要支柱。在经历了数十年的经济结构调整以后，芝加哥逐步建立了以服务业为主的多元化的经济体系。1990年至2002年，芝加哥服务型经济的地位急速提升，十年间服务业就业岗位总量增长了82%，达到56.58万人。

二是大力吸引投资，积极发展高科技产业。 作为一个国际城市，芝加哥大力吸引外资，到1998年年底，大芝加哥地区共有外资企业3 400个，提供就业岗位24万个。值得注意的是，芝加哥致力引进新兴高科技工业中的管理、研发、营销等价值链高端部门。如芝加哥通过向波音公司提供优惠投资条件，使波音总部最终从西雅图迁入芝加哥，从而为芝加哥带来了300多位高级市场管理、项目开发专家。

三是立足传统优势工业，调整制造业产业结构。 在经济调整过程中,芝加哥并没有因为追求现代服务业等新兴产业而完全放弃传统制造业,而是重点扶植如包装工业、食品加工及金属加工等传统优势制造产业,不断调整优化制造业产业结构。

> **专栏 芝加哥服务业的发展历程**
>
> 借助于19世纪中叶美国西部大开发的历史机遇,芝加哥成功实现了由农业城镇向制造基地的转变,到20世纪30年代制造业经济达到鼎盛,成为美国最重要的工业城市之一。20世纪60年代后,随着美国经济结构的整体转型,芝加哥大量的制造工厂被迫关闭或外迁,城市被迫进行调整与转型。
>
> **1)制造业和交通运输业鼎盛期(20世纪上半叶)**
>
> 在此期间,芝加哥继承了雄厚的重工业基础,形成了钢铁工业、机械制造业、金属加工业、食品加工业等对经济贡献极大的制造业部门。1950年芝加哥城市人口达到362万。1955年,芝加哥建成了当时世界上最大的奥海尔国际机场,成为美国和全球的航空运输中心。
>
> **2)经济结构转型期(20世纪下半叶)**
>
> 由于全美经济衰退和工业企业外迁,芝加哥从20世纪60年代开始进行新一轮产业结构调整。20世纪80

> 年代最终确定并贯彻执行了"以服务业为主导的多元化经济"的发展目标。一方面，重点扶植与制造业紧密关联的新兴服务业，致力引进新兴高科技工业中的管理、研发、营销等价值链高端部门；另一方面，充分发挥并加强传统金融贸易中心的地位，大力发展商贸、金融、会展及旅游业。
>
> **3）多元化经济时期（现阶段）**
>
> 进入新世纪，芝加哥前期的产业转型战略成效显现，成为国际航空运输中心、国际光缆通信中心，被称为美国的制造之都、金融贸易之都、会展之都，基本形成了以服务业为主的多元化经济结构。
>
> 资料来源：《国际制造业城市服务业发展历程》

三、城市发展定位

成都当前正处于"全球定位阶段"，正在努力融入全球城市网络。在这方面，芝加哥合理的城市定位经验值得借鉴。尽管作为美国三大都市区之一，但芝加哥仍将自身定位于"第二层次的全球城市",即次于纽约、伦敦、东京这三个顶级全球城市,而是和巴黎、悉尼、新加坡等一样的第二层次的全球城市。这个定位并没有追求"好高贪大",即使芝加哥拥有全球期货市场也没有去盲目追求"全球金融中心"的地位,而是实事求是地发展为"世界领头的金融中心之一",成为"美国全国的交通中心和工业中心"、中西部"会展和商贸中心"等(表10)。

表10　芝加哥城市定位

维度	内容
交通中心	北美所有6个一级铁路交换运输的唯一通路,拥有世界上最大的铁路枢纽中心、美国最大的联合货运市场;拥有世界上最繁忙的机场和世界最大的航空公司——美联航,成为世界航空运输中心、北美的空中枢纽。
通信中心	20世纪90年代末,建成美洲大陆光缆通信的中心节点,与15个国际先进网络或国际协议性网络相互连接;芝加哥的网络处理系统是世界最大容量的网络信息交换系统,每天可以处理1万GB的信息量。

续表

维度	内容
制造业中心	制造业年产值占美国制造业的1/5,其中食品加工业占全美的1/3;印刷业占全美的1/3,是世界上最大的印刷商。
金融业中心	芝加哥期货交易所是世界上最具代表性的农产品交易所;有300多家美国银行、40家外国银行和16家保险公司在此设立总部或分支机构。
会展中心	拥有北美最大的室内展览中心,每年承办国际五金展、机床展、家庭用品展及制造业等特大型国际性展览。
总部基地	拥有的跨国公司总部包括:波音公司、摩托罗拉公司、麦当劳公司、卡夫公司、卡特比勒公司等。

第二节 与国际先进城市的比较和借鉴

一、发展创意产业——伦敦 vs. 成都

发展创意产业是实施产业更新战略的重要实践。产业更新战略是指利用资源开发所积累的资金、技术和人才优势,建立起基本不依赖于原有资源的全新产业群,把原来从事资源开发的人员转移到新兴产业上。比如,用高新技术产业替代传统产业,用高附加值产业替代低附加值产业等。由于创意产业是基于社会网络的人力资本为其价值基础,具有明显的产业集群的特点。因此,近年来许多国际大都市都开始着力发展创意产业。在这

方面，成都全力打造"中国文化创意产业鼎立之城"的目标与伦敦扶持创意产业发展战略不谋而合，并值得借鉴伦敦的成功经验。

伦敦通过发展创意产业实现城市产业更新，从一个传统的工业和金融服务业城市成功转型为一个充满活力的创意城市，主要经历了三个阶段：

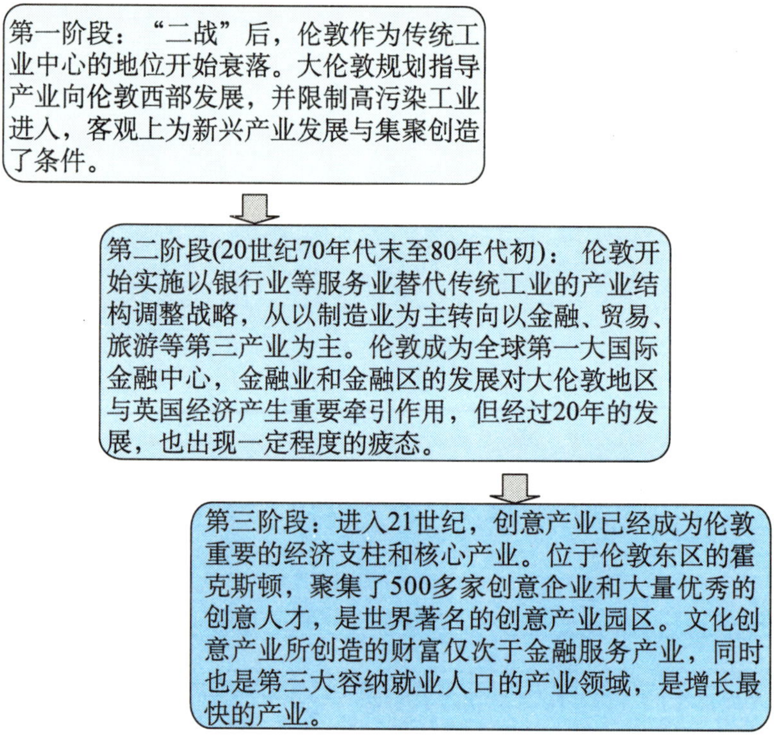

> 第一阶段："二战"后，伦敦作为传统工业中心的地位开始衰落。大伦敦规划指导产业向伦敦西部发展，并限制高污染工业进入，客观上为新兴产业发展与集聚创造了条件。

> 第二阶段(20世纪70年代末至80年代初)：伦敦开始实施以银行业等服务业替代传统工业的产业结构调整战略，从以制造业为主转向以金融、贸易、旅游等第三产业为主。伦敦成为全球第一大国际金融中心，金融业和金融区的发展对大伦敦地区与英国经济产生重要牵引作用，但经过20年的发展，也出现一定程度的疲态。

> 第三阶段：进入21世纪，创意产业已经成为伦敦重要的经济支柱和核心产业。位于伦敦东区的霍克斯顿，聚集了500多家创意企业和大量优秀的创意人才，是世界著名的创意产业园区。文化创意产业所创造的财富仅次于金融服务产业，同时也是第三大容纳就业人口的产业领域，是增长最快的产业。

图6 伦敦发展的三个阶段

目前，伦敦的文化创意产业已成为城市的主要经济支柱，自 1997 年以来，英国创意产业产值年均增长 9%，大大超过传统工业 2.8% 的增长率，是其他产业的 3 倍，对经济的贡献率达到 4%。根据相关数据估计，伦敦的文化创意产业估计年产值为 250~290 亿英镑，从业人员达到 52.5 万。

与伦敦经过多年发展、利用文化创意产业成功实现产业更新类似，成都提出了《成都市文化创意产业发展规划（2009~2012）》，规划对本地文化创意产业中的传媒、文博旅游、创意设计、演艺娱乐、文学与艺术品原创、动漫游戏和出版发行七个重点行业，进行了较为系统、全面和科学的规划（表 11）。

表 11 成都文化创意产业发展规划（2009~2012）

行业	规划内容
传媒业	2009~2012 年，全市传媒业增加值年均增长 14% 以上。2012 年，成都传媒集团年产值达到 40 亿元，成为国内知名的以全媒体深度融合为特色的综合传媒集团。建设 3~5 个传媒产业园区，培育一批骨干企业，打造全国领先的数字内容基地。

续表

行业	规划内容
文博旅游	2009~2012年，文博旅游业增加值年均增长16%以上。规划建设1~3座公益性博物馆；规划建设2个以博物馆群为核心的文化创意产业发展区；完成1~3个历史文化保护街区的修复与利用，兴办一批民间街区博物馆，建成在国内具有影响力的"文博旅游之都"。
创意设计	2009~2012年，创意设计业增加值年均增长20%以上。2012年，培育1~3个创意设计产业集聚区，引进10~20个在国内外具有影响力的设计师工作室，扶持10家具有发展潜力的品牌设计企业，打造1个在中西部具有影响力的品牌展会，初步形成"成都设计"品牌效应，建成全国领先的创意设计基地。
演艺娱乐	2009~2012年，演艺娱乐业增加值年均增长20%以上。新建大中型剧院3~5个，增加坐席数5 000个。演艺娱乐业主要指标及综合实力居全国同等城市前列，打造中西部演艺娱乐中心。
文学与艺术品原创	到2012年，打造1~3个以文学与艺术品原创为特色的文化创意产业园区，支持建设四川美术馆。重点扶持5~10个现代化、专业化的艺术品经营机构，打造我国中西部地区文学与艺术原创中心。
动漫游戏	2009~2012年，动漫游戏业增加值年均增长16%以上。2012年，引进1~3家在国内有影响力的知名企业，打造1~2个以动漫游戏为特色的文化科技主题公园，以网络游戏、手机游戏、数字电影、动画制作为重点，建设全国动漫游戏研发运营中心、动漫游戏体验消费中心、动漫游戏实用人才供给中心。

续表

行业	规划内容
出版发行	2009~2012年，全市出版发行业增加值年均增长18%以上。打造1~3个出版发行产业基地，支持市域骨干企业跨行业、跨区域发展，打造全国领先的出版发行中心。

由此可见，成都的文化创意产业发展规划，是与全球城市的文化建设和创新思维高度一致的。创意产业不论是作为一股自我发展的经济动力，还是作为其他经济活动的创意投入，都将不断激发出城市的内在活力，并在城市发展中起到日益重要的作用。

二、打造总部基地——新加坡 vs. 成都

近年来，成都利用外资规模不断扩大、质量显著提高，主要体现在跨国公司在成都的投资不断增加。截至2007年，已有124家世界500强企业在成都设立87家外

商投资企业，47家境外跨国公司在蓉设立代表机构。跨国公司的投资主要集中在电子、通信设备、机电产品、生物制品、化学工业等领域。一批外商投资大项目的实施优化了成都的产业结构，使成都逐步成为西部地区的"总部基地"。这种大力发展高新技术产业、现代服务业等高端产业以及产业的研发、营销等价值链高端环节的做法，被称为"产业高端环节战略"，在这方面，新加坡无疑是这一战略的成功实施者。

新加坡经历了一个典型的从"制造基地"到"总部基地"的发展历程，成为发展总部经济的全球典范。新加坡经过40多年的发展，产业结构经历了三次成功转型，即从传统的转口贸易转向发展"进口替代"工业；从进口替代转向发展出口导向工业，打造亚洲国际金融中心；从"制造基地"转向"总部基地"，发展资本、技术密集型高端产业。如今，新加坡已经云集了大部分世界著名跨国公司的地区总部，在全球化进程中发挥着举足轻重的作用。越来越多的跨国公司选择新加坡作为进军东南亚的起点，更多的跨国公司通过在新加坡设立地区总部实施其海外扩张战略。目前，共约有 7 000 多家跨国公司到新加坡投资，其中许多世界 500 强公司，如惠普、壳牌、佳能、IBM、朗讯、联邦快递等都在新加坡设立了分部。大量跨国公司和外国企业的进入，不仅带来了大量资金、科技、管理经验和国际人才，还吸引了众多银行的进入，从而使新加坡逐步跨入国际市场轨道，成为全球企业总部之都。

与新加坡相比，成都的区域总部基地建设仍处于起步阶段，但外商投资的聚集效应已开始显现，正在形成一批以主导产业为中心的产业集聚带。从新加坡的经验来看，通过推行一系列优惠政策（见专栏）、加大调整产业结构力度，将有助于成都打造西部"区域总部基地"。

专栏　新加坡——优惠政策引导总部经济发展

20世纪80年代初，新加坡全面接受了跨国公司的资本、技术和管理模式，为后来总部经济的形成和发展奠定了基础。新加坡十分注重发展金融和商业服务业，政府先后制定《1972年度预算报告》、《20世纪80年代经济发展规划》（1981）和《新加坡经济：新方向》（1986），确立了亚太地区金融中心和商贸中心的地位。新加坡还制定了吸引"总部"的差别性优惠政策，包括特准国际贸易计划、商业总部计划、营业总部地位和跨国营业总部奖励等，对不同类型的总部给予针对性的优惠政策，并提供良好的环境、服务及设施。如对从事五大商品交易的国际贸易机构，营业额超过2亿新元或具有全球贸易网络及良好公司业绩等条件的公司每年只征收10%的公司所得税；政府授予"区域总部"头衔的企业将享有15%的税务优惠；获颁"国际总部"称号的企业除享有区域总部企业的优惠外，还可获得额外优惠。

资料来源：《世界先进城市经济转型模式》，21世纪论坛。

三、立足全球城市

早在1999年,全球化与世界级城市研究小组与网络(Globalization and World Cities Study Group and Network,GaWC)开始对"全球城市"(Global Cities)进行定义和分类。最新公布的2008年度排行是以城市为高端生产者提供服务的能力为标准,例如在会计、广告、金融和法律方面的服务。根据这一标准,将全球数百个城市分为五个层级:阿尔法级世界城市(Alpha)、贝塔级世界城市(Beta)、伽玛级世界城市(Gamma)、高度充足级世界城市(High Sufficiency)和充足级世界城市(Sufficiency)(表12)。

从表中可以看出,北京、上海已经跃升与巴黎、东京并列的A+级城市,广州为贝塔级城市,深圳为伽马级城市,成都作为唯一入选的中国西部城市,与天津、南

表 12　全球城市排行榜

阿尔法级世界城市	A++	伦敦、纽约
	A+	巴黎、东京、悉尼、新加坡、香港、北京、上海
	A	米兰、孟买、马德里、莫斯科、多伦多、科伦坡、布鲁塞尔、布宜诺斯艾利斯、首尔
	A−	华沙、雅加达、圣保罗、苏黎世、墨西哥城、都柏林、阿姆斯特丹、中国台北、罗马、伊斯坦布尔、里斯本、芝加哥、法兰克福等
贝塔级世界城市	B+	墨尔本、洛杉矶、巴塞罗那、约翰内斯堡、华盛顿、柏林、迪拜等
	B	班加罗尔、慕尼黑、达拉斯、波士顿、利马、迈阿密等
	B−	休斯敦、广州、卡拉奇、蒙特利尔、胡志明市等
伽玛级世界城市	G+	丹佛、温哥华、斯图加特、西雅图、深圳等
	G	加尔各答、费城、鹿特丹、曼彻斯特、底特律等
	G−	爱丁堡、伯明翰、伊斯兰堡、多哈等
高度充足级世界城市		克利夫兰、格拉斯哥、里昂、匹兹堡、奥兰多、大阪、渥太华、科隆、拉斯维加斯等
充足级世界城市		成都、巴塞尔、澳门、莱比锡、孟菲斯、盐湖城、天津、南京、大连、阿布扎比、魁北克等

京、大连被列为充足级世界城市,这说明成都在为高端生产者提供服务方面已经具备了"全球城市"的竞争实力。

自20世纪七八十年代至今,关于全球城市的研究方兴未艾,但是对于全球城市的定义及划分标准仍存在较大争议。概括说来,全球城市是全球化和信息化背景下,以全球城市网络化为基础形成与发展起来的那些具有广泛的经济、政治、科技和文化交流联系,在全球经济协调与组织中扮演超越国家界限的关键角色的现代化国际大都市。美国哥伦比亚大学教授萨森(Sassen)通过对纽约、伦敦、东京的研究,将全球城市定义为发达的金融和商业服务中心,其本质是为全球资本提供服务的地方而不是具体管理。然而,随着全球化发展的不断深入,传统的全球城市理论已经难以解释全球化条件下,那种基于超地域广泛联系的产业竞争与发展的现象。因此,"全球城市网络"理论便应运而生。全球城市网络并不是指"全球城市"的网络,而是全球性的城市网络或全球城市间的网络。在这个网络中，除了全球城市，还包括其他许多介入全球化进程并通过各种要素流和商品、服务流与世界其他城市发生联系的一般城市。据此，可以将全球网络城市中每一个"节点"的特征，通过指标体系进行描述，从而反映出城市的全球化程度（表13）。

表13 全球化城市指标分类

		集中性（国际性活动集中程度）	外向性（国际化导向）	关联性（联系或网络）
经济功能	资本流动、资金融通、控制与管理、高级商务服务等	跨国公司总部和地区部；外国直接投资；全球服务公司；生产者服务的比重等	相关国际与国内指标的比例，如跨国公司总部/国内公司总部	总部与分部的网络；FDI进出网络；生产者服务的网络等
	交通运输、通信、消费、R&D功能等	专利数；研发机构；电信节点；交通枢纽；人口及外来劳动力；贸易量等	相关国际与国内指标的比例，如国际通信/国内通信	航运网络；电信网络；物流网络；贸易网络等

续表

		集中性（国际性活动集中程度）	外向性（国际化导向）	关联性（联系或网络）
其他功能	政治、文化、教育和知识功能	国家首都；外国侨民和游客；国际组织、国际节庆、国际会议和事件；国际学校；联合国教科文组织的文化自然遗产	相关国际与国内指标的比例，如海外游客/本国游客	流动的国际网络

资料来源：周振华：《崛起中的全球城市——理论框架及中国模式研究》，上海人民出版社，2008年。

按照这种指标体系进行测量可以发现，每一个全球城市在全球城市网络中的地位及连通性程度都是不同的，其关联方式与联系通道也具有较大的差异性。这种特质的形成，既取决于各种决定因素的综合，更取决于一个长期积累的基础。例如，作为顶级全球城市的伦敦，从历史基础上看，具有良好的基础设施和大量的知识、技能、语言和影响力，成为影响商务布局的关键因素；从积聚与规模经济效应上看，伦敦拥有欧洲最高级的资本、知识和技术流；从劳动力市场与人才来看，伦敦拥有从事国际商务活动所需的高级技术和具有多种语言与文化的专业化劳动力市场；而在城市文化上，伦敦又凭借其深厚的文化底蕴成为一个更适合于生活与居住的城市。

与伦敦相比较，虽然成都已经跻身全球城市行列，但是尚未凭借其特质完全融入全球城市网络，因此，成都需要大幅度地提高城市能级。从现有城市基础及发展积累水平来看，成都已经具备了提升城市能级的一些基本条件，并具有较强的内在推动力。首先，成都的城市硬件构架及其形态已初步形成，并且保持了内在的政治、社会环境的稳定。其次，面对全球经济调整等外部变化已具有相应的创造性反应能力，并正在从劳动密集型生产向资本密集型和知识密集型生产转变，同时伴随着产业结构的升级与调整。第三，城市的综合服务功能正在迅速增强，其影响力不断提高并向周边城市扩散。第四，城市发展的潜力较大，成长性较好，具有相应的可持续发展能力。其中，特别是成为全国统筹城乡综合改革试验区，也将成为成都提升城市能级的驱动力量。

第七章 结论与建议

第一节 基本结论

截至 2008 年年底,我国的城市化率达到 45.7%,未来 20 年,仍将是我国城市化加速发展期。按照每年接近 1 个百分点的增长速度,再过 15~20 年,我国将有 60% 以上的人口生活和工作在城市。那时的城市,将是绝大多数中国人安身立命的地方。从未来安身立命的角度来理解今天的城市发展，不能不令人产生一种由衷的使命感。中国的城市化道路究竟应该怎样走？每个城市都在寻找着自己的答案。成功的道路会有很多条，本报告研究提出的成都模式，是其中之一。西部大开发十年来，成都紧紧围绕"复合城市化、要素市场化、城乡一体化"的发展路径，从"全城谋划"到"全域统筹"再到"全球定位"，已经成为西部大开发中的引擎城市、内陆投资环境标杆城市、新型城市化道路的重要引领城市。

"三轴三阶梯"的发展模式，充分体现了成都市政府战略上的雄心、设计上的精心、推进中的耐心、实施中的同心，既为成都经济社会发展提供了发展路径和发展动力，也为西部地区乃至全国实现跨越式发展提供了有益借鉴与参考，具体来说集中在四个方面。

一、坚持在实践中大胆探索

我国城市的跨越式发展，实质就是在短短的十几年内走完西方国家城市用百年时间分阶段走完的历程，既无先例可循，也不可任其自然。其成败，取决于城市主要决策者的战略视野和胸怀，取决于其不断探索的科学精神和锐意进取的政治勇气。

二、坚持推进政府改革创新

具有创新精神的地方政府尤其是城市政府，可以通过持续创新实现生产要素的重新组合，把比较劣势转化为后发优势，从而形成一条独特的跨越式发展之路。中国改革开放三十多年来创造了很多奇迹，很多奇迹中都有地方政府的影子,地方政府的影子中最亮丽的一点就是创新精神和创新能力。

三、坚持从实际出发抓主要矛盾

城乡二元分割是长期困扰我国经济社会发展的重大问题,只有首先解决二元体制问题,才能突破二元经济的藩篱。打破二元体制,关键是推动农村产权制度改革,为农民变市民提供原始资本和基本社会保障。实现城乡一体化,重点是推进城乡规划、产业发展、市场体制、基础设施、公共服务和管理体制"六个一体化"。

四、坚持全球视角统筹内外开放

谋划城市发展,要高瞻远瞩,寻找自身在全球中的定位，也要脚踏实地，根据自身特点从"全城"到"全域"到"全球"走好每一个不可或缺的过程。城市要成为广大居民安身立命之所，就不能只是一座水泥之城，不能成为产业空洞化的空城，不能成为与世隔绝的孤城。为此，一定要切实推进人口城市化，根据承载能力进行城乡全域空间布局，以城市群为基本形态集聚、吸纳人口，既不排斥人口城市化，又避免人口向大城市中心过度集中。要进行差异化的产业选择，形成与当地要素禀赋、发展阶段、发展潜力相适应，能够持续支撑当地经济发展的产业格局。要积极融入经济全球化，在全球城市网络节点或者分支网络、次级节点中寻找自己的定位或者标杆，融入全球网或局域网。

第二节 主要建议

建议在未来发展中，成都及各城市政府以发展民生经济为导向，进一步创造"富民、安居、宜业、御险"的政策与市场环境。

——"富民"。就是要合理确定政府储蓄和积累的增长速度，合理确定政府的财力规模，进一步提高劳动者报酬，藏富于民，积聚内需增长和经济发展的长期动力。

——"安居"。就是要在城市化进程中，避免可能出现的拉美陷阱，加大保障性住房的供给力度，更多地向土地流转中的受损者倾斜，更多地向农民工倾斜。

——"宜业"。就是要把就业结构与空间结构、产业结构更紧密地结合起来，从就业优先的角度来谋划、优化空间产业布局，避免出现产业空洞化。要注重完善创新体制，激发全社会的创新创业活力，尤其是注重挖掘农村中蕴藏着的长期受到二元体制束缚的大批人才，大力倡导、鼓励、支持农民创业，以创业带动就业。

——"御险"。就是要居安思危，提高政府应对经济周期波动、国际经济危机冲击、突发社会事件的能力，同时通过完善社会保障、各类商业保险体系，预防和化解城乡居民的潜在风险，重点是在城乡二元体制改革过程中，必须让失去土地的农民有稳定的个人社会保障账户。

附件一

成都与国内城市的比较分析

第一节 城市定位比较

城市的战略定位体现了一个城市的发展目标和方向，也体现了城市在发展阶段和空间网络中所处的具体位置。准确务实且弹性适度的定位，是城市发展的清晰航标，也是众多城市相互区分的醒目标识。近年来，根据中央对不同区域的发展道路及功能定位，各城市逐渐形成了富有特色的城市定位，明确了与战略定位相适应的重点支撑产业。以下是1999～2009年我国若干主要城市的定位比较，从中可看出成都以及其他城市的定位差异（表14）。

表14 国内城市定位比较

城市	战略定位	支撑产业
成都	全省政治、经济、文化中心、我国西南地区的科技、金融、商贸中心和交通、通信枢纽，是重要的旅游中心城市和国家级历史文化名城。	体现现代服务业主体地位的科技、金融、商贸及旅游业呈现了产业结构高级化的趋势。为支撑经济中心功能，同时提出发展电子信息产业、机械制造产业、医药产业、食品产业、冶金建材产业、石油化工产业、航空航天产业等第二产业。

续表

城市	战略定位	支撑产业
重庆	我国重要的中心城市之一、国家历史文化名城、长江上游经济中心、国家重要的现代制造业基地、西南地区综合交通枢纽。	重点发展服务业体系、都市型工业、高新技术产业及适度的劳动密集型和技术密集型产业，在未来的拓展区重点发展技术、资金密集型产业、鼓励发展汽车、摩托车、高新技术、装备制造和材料加工业等，体现了核心区产业结构高级化、拓展区继续推进重化工业以支撑其区域性经济中心地位。
西安	我国中西部地区重要的科研、高等教育、国防科技工业和高新技术产业基地，新亚欧大陆桥中国段陇海——兰新线上最大的中心城市。	重点发展以电子信息、软件、生物技术、新材料为重点的高新技术产业和以航空航天、汽车、光机电、国防科技工业、石油化工、食品饮料为重点的装备制造业，发展旅游业、现代服务业、文化产业。

续表

城市	战略定位	支撑产业
大连	立足辽宁，依托环渤海，服务东北，面向东北亚，建设成为东北地区对外开放的重要平台、东北亚重要的国际航运中心、具有国际竞争力的临港产业带、生态环境优美和人民生活富足的宜居区，形成我国沿海地区新的经济增长极。	汽车整车、光机电一体化、生物产业、节能环保产业、旅游产业、石化造型、装备制造和电子信息产业。
上海	国际金融中心、国际航运中心。	加快发展现代服务业和先进制造业。建设比较发达的多功能，多层次金融市场体系。加强金融机构和业务体系建设，优化现代航运集疏运体系，实现多种运输方式一体化发展。

续表

城市	战略定位	支撑产业
武汉	中部重要的中心城市，全国重要的工业基地。	重点发展以钢铁制造业、汽车及机械装备制造业、石油化工产业等重型化工业及电子信息、医药等高新技术产业和烟草、纺织服装、造纸及包装印刷业等轻型工业，支撑其"工业基地"功能。在第三产业方面重点发展商贸会展业、金融业及现代物流业、信息传输和计算机服务及软件业等现代服务业。
深圳	建设亚太地区有重要影响的国际高科技城市、现代化国际物流枢纽城市、区域性金融贸易和会展中心城市、美丽的海滨旅游城市、高品位的文化生态城市、国际文化信息交流中心和国际旅游城市。在率先基本实现社会主义现代化的基础上，把深圳建设成为重要的区域性国际化城市。	高新技术产业发展迅速，自主创新能力不断增强。物流业持续增长，物流中心地位日益巩固。金融继续发挥对经济发展的重要支持作用。文化产业成为发展的新亮点。

续表

城市	战略定位	支撑产业
杭州	历史文化名城和长三角南翼中心城市、国际风景旅游城市。具有中国特色、时代特点、杭州特征，覆盖城乡、全民共享，与世界名城相媲美的"生活品质之城"。	重点发展装备制造业、轻工业、石化产业、船舶制造业、有色金属产业、新型医药产业和新材料、环保产业。第三产业中的大旅游产业、文化创意产业、金融业、商贸物流业、信息服务与软件业。

由上表可知，在所选比较城市中，除上海定位于国际中心城市外，其他城市均立足于本区域，并根据其地理位置、城市特性的不同确立了各有侧重的战略功能定位。在支撑产业的选择上，与战略定位相呼应，也基本落脚于发展现代服务业和现代制造业。成都在进行产业结构优化，大力发展第三产业的同时，仍以第二产业的发展为重要推动力，这在一定程度上也体现了我国城市化进程的一个有代表性的普遍现象。

第二节　城市发展战略比较

城市发展有了清晰的定位，也即有了点睛之笔。但同时需要选择相应的发展战略和适当的发展途径。纵观成都城市实力的快速提升，和其他典型城市相比较，具有独自的路径和条件（表 15）。尤其是城市品牌的创造，在工业化和城市化过程中发挥了基础性的作用，带动了成都整体性的发展。

通过成都与各城市的定位及战略对比，可以对成都"点"的定位和"面"的战略有所了解，但连接和支撑点与面的"线"则是成都发展最重要的部分，也是成都模式的内核。这三条线即是城乡一体化、要素市场化以及复合城市化。无论是"点"、"面"或是"线"，成都的做

表15 城市发展战略比较

	成都	青岛	东南沿海城市
发展路径	通过塑造城市形象和城市品牌带动产业品牌和产品品牌。以城市化带动工业化，通过城市建设带动产业的发展。	从产品品牌入手，通过品牌产品的示范效应带动其他产品的发展，逐渐形成产业品牌，与此同时，通过品牌经济的全面发展打造城市品牌。	以产业集群的发展为源头。产业集群的发展形成了产业品牌、既而形成城市品牌，最后在集群的竞争中产生产品品牌。
驱动力	直接来源于政府，城市品牌具有很强的外部性和公共物品性质，只有政府才可能作为主导力量推动城市品牌的建设。	虽然政府起到了很大的作用，但更多的是推波助澜、顺势而为的扶持作用，该模式中最关键的推动力是一支强悍的企业家队伍，政府的作用在于搭建平台、择优扶持。	政府的作用很弱，市场产生决定性的驱动作用。

续表

	成都	青岛	东南沿海城市
发展条件	城市本身具备一定的比较优势。占据宜居、历史、文化等城市品牌优势，另外，处于中西部地区枢纽位置，易于成为物流商贸集散地。	有一定规模的企业基础和企业家队伍，目标定位于把品牌做强做大，选择的产业也需具有明显的规模经济效应。	市民具有创业意识、商业意识，并且能够找准城市的传统特色和优势，敏锐选择那些市场变化快、对生产的灵活性要求高的产业。
发展结果	随着经济的发展，政府的作用逐渐减弱、让位于市场，现各产业尤其是各种服务业已逐步实行产业化、市场化运作，交由企业充当主角。	沿袭了大品牌的发展道路，以少数大企业、大品牌为核心，以大量为之配套的中小型企业形成众星拱月之势。	产业集群内企业相互关联而形成网络模式，集群内企业的市场联系紧密，但企业之间独立性较强、联系方式灵活，其柔性化生产链易于适应灵活多变的市场。

续表

	成都	青岛	东南沿海城市
面临问题	缺乏产品品牌和产业品牌支撑。	如何整合各种资源形成产业集群效应,打造产业品牌存在较大难度。	品牌过于粗糙,缺乏统一的城市精神文化理念作为对外的吸引魅力和对内的凝聚力。

法和方式都有一定的独特性和创新性,并取得了显著成效。

第三节 城乡统筹比较

在城乡统筹的各项推进工作中,土地和人口的城乡一体化是最重要的内容,也是最具难度的部分。自2003

年《中华人民共和国农村土地承包法》施行以来，各地纷纷出台了农村土地承包经营权流转管理办法，鼓励土地承包经营权采取转让、出租、入股、互换、转包等多种方式实现流转。通过比较可以发现，各试验区城市流转方式没有太大差异，仅武汉开展了农村土地承包经营权抵押贷款试点；从流转面积占承包地总面积的比重来看，成都明显高于重庆、天津、武汉及长沙，但与上海还存在一定差距；从耕地规模经营率来看，成都与重庆、武汉相比优势较为明显。

在户籍制度改革方面，成都、重庆是全国较早统一城乡户籍登记制度的大城市，同时成都还出台了促进农民工身份转换的专项政策，改革深度和力度均位居全国前列（表16）。从总体来看，成都市限制劳动力转移的制度障碍已被基本破除，户籍等相关制度改革走在了各试验区城市前列，劳动力也得到了有序转移，目前阻碍农村劳动力自由流动的障碍主要存在于经济发展水平、农村劳动力素质等方面。

表16 户籍制度改革情况比较

城市	户籍制度改革情况
成都	- **实行城乡一体的户籍登记制度。** 2003年即提出"实行一元化户籍制度",取消农业和非农业人口性质,将全市户籍人口统一登记为居民户口;2006年10月,正式出台了《关于深化户籍制度改革深入推进城乡一体化的意见(试行)》,将全市户籍人口统一登记为居民户口,规定农民在城镇具有合法固定住所,或在城镇租房即可入户。 - **改革完善城乡统筹的就业和社保政策。** 从2004年开始,先后出台了五个关于统筹城乡充分就业的配套政策;在健全完善城镇居民社会保险制度的同时,着重抓了征地农转非人员社会保险制度、非城镇户籍从业人员综合保险制度、新型农村合作医疗制度、农民养老保险制度、农村居民最低生活保障制度和城乡一体的社会救助制度的建立健全。 - **促进农民工身份转变。** 2008年,出台了《关于促进进城务工农村劳动者向城镇居民转变的意见》,《意见》从完善进城务工农村劳动者稳定就业机制、建立进城务工农村劳动者定居城镇的促进机制、健全进城务工农村劳动者的社会保障制度、为进城务工农村劳动者提供与城镇居民同等的公共服务、深化户籍管理制度改革五个方面明确了促进进城务工农村劳动者向城镇居民转变的优惠和激励政策措施,并制定了系列配套政策。

续表

城市	户籍制度改革情况
上海	• 2002年6月起，上海在引进人才中试行居住证制度，2004年又在来沪人员中扩大施行。 • 于2009年2月印发《持有〈上海市居住证〉人员申办本市常住户口试行办法》，规定在上海创业、就业，并持有《上海市居住证》的境内人员，符合《试行办法》申办条件的都进入排队系统，依次轮候办理落户。
重庆	2003年开始对户籍制度作出重大改革，出台了多项放宽户口迁移的政策： • **实行城乡一体的户籍登记制度。** 采取先在主城九区、后在主城区以外的区县（自治县、市）全面取消非农业户口和农业户口性质，打破二元制结构，实施城乡户口一体化的户籍登记制度，统称"重庆市居民户口"，所有居民公平地享有国民待遇。只是按照经常居住地区分为城镇居民和农村居民。 • **放开人口自由迁移的限制。** 主城九区之外地区的城镇居民的户口迁移（含农村居民户口转为城镇居民户口）已全面放开，只要具有合法固定住所并实际居住这个"底线"，不受其他任何条件限制，均可办理户口迁移手续。 • **创新流动人口管理制度。** 坚持实际居住地管理的原则，将辖区暂住人口、人户分离人口、境外居留人员全部纳入社区民警工作范畴，开展"居住证"取代"暂住证"的试点工作。

续表

城市	户籍制度改革情况
长沙	2009年开始施行新的户籍政策，进一步放宽了城乡落户条件： • **进一步放宽城区落户政策**。一是降低入户门槛。即取消购房入户面积、居住条件限制；降低投资入户标准；降低招聘录用学历要求。二是增加入户类型。三是优化便民措施，简化办理流程。四是提高行政效能。 • **进一步放宽农村落户政策**。此项改革，重点针对大中专院校学生、未成年子女投靠父母及夫妻投靠落户。 • **调整审批权限，提升户口审批效能**。市公安局户口身份证受理中心审核办理城区购房、投资兴业、招聘录用、人才引进、获荣誉称号入户。城区"非转农"落户由各分局审核受理后报市公安局审批。

第四节 资源要素配置

成都作为内陆城市，在交通物流方面不具备先天优势，在自然尤其是矿产资源方面较为贫瘠，无法走港口型或资源型城市道路。在此条件之下，成都努力探索适合自身发展的道路，挖掘城市发展持续性动力，推进要素市场化改革，打破要素禀赋之局限（表17）。

表17　成都与攀枝花的资源要素比较

	成都	攀枝花
资源禀赋	自然资源尤其是矿产资源较为贫瘠，其他资源较为均衡。	自然资源种类多，部分资源的蕴藏量十分丰富，我国重要的钢铁、钒钛、能源基地。
路径选择	分阶段着眼于成都市区以及"全域成都"，并进一步放眼于全球城市网络寻找适当定位。通过要素市场化使各类资源流动达到更优配置，利用区位优势充分发挥要素集聚效应。	以资源的优越组合为基础条件和动力，第一步进行"自然跳跃式"开发，第二步发展循环经济，走可持续发展道路。

续表

	成都	攀枝花
主要做法	以投资体制改革为突破口，进一步进行土地、资本、劳动力、技术和信息等要素市场化改革，完善市场化资源配置机制，破解城乡二元结构，构建城乡一体的管理和服务体制。	利用发展钢铁工业的资源组合优势，形成了钢铁、钒钛、能源、电冶化工四大支柱产业。经济增长主要靠第二产业，第一、第三产业比重较小。注重改善生态环境、节能减排，逐渐调整产业结构。
效果	探索出均衡和谐的发展道路。在较短的时间内实现了成都经济社会的跨越式发展，成为西部标杆城市和增长引擎，以及西部经济、金融、交通和通信枢纽。	2004年人均地区生产总值突破3万元，位居四川省第一位。第一、第二、第三产业均取得了较快发展，产业结构日趋合理，成为西南地区的重工业基地和经济重心之一，与重庆市、成都市共同构成西南地区经济发展三角地带。

注："自然跳跃式开发"指在经济落后地区选择自然资源优势明显、开发条件较好的区域进行集中开发，形成一定规模，使之成为落后地区的发展极。

城市要素能够更大发挥聚集作用的前提，是各类要素资源的合理配置，其中资金是关键。在现代经济中，农业与其他产业相比具有一定的弱质性，高风险与低收益并存，农村、农业在吸引社会资金投入方面一直处于弱势地位。因此，推动金融资源向农村配置是使资本要素在"全域成都"中合理配置并更好产生聚集效应的重要内容之一（表18）。而在向农村配置金融资源方面，成

表18　金融资源向农村配置情况比较

城市	短期贷款中农业贷款占比	村镇银行数量	小额贷款公司数量	农业保险发展情况
成都	3.74%	正式开业5家	已批准筹建12家，其中，正式开业9家	• 于2007年启动政策性农业保险试点。重点开展保险试点品种为水稻、玉米、能繁母猪、商品猪。 • 目前，政策性农业保险试点工作已全面铺开，在进一步扩大承保面的同时，逐步把奶牛、油菜等更多的畜产品和农产品纳入承保范围。

续表

城市	短期贷款中农业贷款占比	村镇银行数量	小额贷款公司数量	农业保险发展情况
上海	1.63%	正式开业2家	正式开业2家	• 于2004年组建了我国首家专业性的农业保险公司——上海安信农业保险股份有限公司。 • 已有水稻、瓜果、林木等20多个种植业险产品；家禽、奶牛、生猪、虾蟹等10多个养殖业险产品。 • 创新探索了蔬菜价格指数保险、猪肉食品安全保险以及花菜气象指数保险等新险种。
天津	5.91%	正式开业2家	批准23家，其中正式开业超过16家	• 于2007年在12个有农业区县以及市农垦集团全面启动政策性农业保险。 • 推出"1+6"的险种模式：在能繁母猪保险的基础上，把险种补贴范围又扩大了6种，包括小麦、水稻、玉米、设施农业、生猪和奶牛。

续表

城市	短期贷款中农业贷款占比	村镇银行数量	小额贷款公司数量	农业保险发展情况
重庆	3.51%	正式开业1家，获准筹建2家	批准74家，其中正式开业41家	• 于2007年以试点形式启动政策性农业保险。重点开展保险试点品种为生猪、能繁母猪、奶牛、柑橘。 • 试点基础上，奶牛保险扩大为全市范围开展；柑橘保险扩大为包括在忠县愿意参保的规模种植户，全市柑橘龙头企业带动的位于其他区县生产基地的种植户。
深圳		0	正式开业13家	—

续表

城市	短期贷款中农业贷款占比	村镇银行数量	小额贷款公司数量	农业保险发展情况
武汉		0	—	• 于2007年以试点形式启动政策性农业保险，品种包括蔬菜（食用菌）、水产、种子种苗和能繁母猪4类。 • 2008年开始，试点区域将扩大至所有远城区，试点品种覆盖市政府文件要求的生猪、奶牛、蛋鸡、肉鸡和水禽，并将渔具等增补为试点品种。同时，扩大蔬菜、种子种苗等现有保险试点品种的保险面积。
长沙		0	0	• 于2007年以试点形式启动政策性农业保险，试点险种为水稻种植保险。

注：短期贷款中农业贷款占比为金融机构（中资）年末短期贷款余额中农业贷款占比，由各城市2009年统计年鉴计算得到，为2008年数据，其中重庆数据为金融机构（不含外资）全部贷款余额中农、林、牧、渔业贷款占比。

都的做法和成绩可圈可点。通过以下对比可以看出，上海、天津、重庆也在该领域采取了相应的举措。从改革成效来看，成都在设立村镇银行方面走在了前列，重庆在设立小额贷款公司方面具有明显优势，而上海在农业保险方面则积累了丰富的先行先试经验。

> **专栏　成都在全国名列前茅的榜单排名**
>
> 在若干较具权威性的排名中成都名列前茅，说明成都的发展已广泛获得了社会的认可，其成就和实力也已越来越受到瞩目。纵观其上的评比榜单，基本集中在环境等"软件"方面，这明确突出了成都的城市优势所在，也准确勾画出成都在外界心目中的形象——宜居、宜游、宜商、宜学、宜业。
>
> （1）全国统筹城乡综合配套改革试验区（2007）（颁发单位：国务院）
>
> （2）全国文明城市（2009）（颁发单位：中央文明委）
>
> （3）中国最佳旅游城市（2007）（颁发单位：国家旅游局和世界旅游组织）
>
> （4）国家园林城市（2006）（颁发单位：国家建设部）

(5) 国家森林城市（2007）（颁发单位：全国绿化委员会、国家林业局）

(6) 国家环境保护模范城市（2005）（颁发单位：国家环保局）

(7) 中国服务外包示范城市（2009）（颁发单位：国家商务部、信息产业部、科技部）

(8) 国家知识产权工作示范城市（2007）（颁发单位：国家知识产权局）

(9) 中国服务外包基地城市（2006）（颁发单位：国家商务部、信息产业部、科技部）

(10) 中国最具幸福感城市幸福大奖（2009）（举办方：《瞭望东方周刊》联合中国市长协会）

(11) 新中国成立60年中国全面小康杰出贡献城市（2009）（举办方：求是《小康》杂志）

附件二

成都模式中的"三阶梯"

成都模式的探索过程体现为战略视野逐步扩大，战略格局不断提升，经历了从"全城谋划"、"全域发展"到"全球定位"阶梯式发展三阶段（图7）。

1999年，成都以西部大开发战略实施为契机，以中心城区建设为中心，以投资体制改革为突破口，推动要素集聚，大大加快了城市化进程，进入"全城谋划"阶段。

2003年，成都以"全域发展"视野，部署"统筹城乡经济社会发展、推进城乡一体化",以破解城乡二元体制为突破口,推动城市化和工业化加速发展,进入"全域统筹"阶段。2007年,成都获批设立全国统筹城乡综合配套改革试验区,标志着成都进入深化改革,实现全面协调可持续发展的新时期。

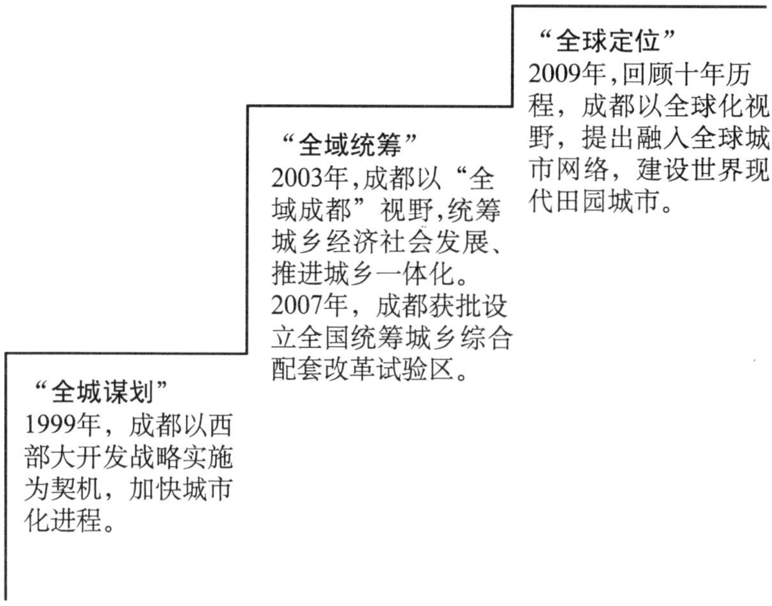

"全球定位"
2009年,回顾十年历程,成都以全球化视野,提出融入全球城市网络,建设世界现代田园城市。

"全域统筹"
2003年,成都以"全域成都"视野,统筹城乡经济社会发展、推进城乡一体化。
2007年,成都获批设立全国统筹城乡综合配套改革试验区。

"全城谋划"
1999年,成都以西部大开发战略实施为契机,加快城市化进程。

图7　成都模式阶梯式发展三阶段

今天,回顾十年历程,面对全球化、信息化的新形势，成都以制度创新为支撑，致力于融入全球城市网络，打造国际区域性枢纽和中心城市，进入"全球定位"阶段。

第一节 "全城谋划"阶段

1999年，中国提出西部大开发战略，国家在规划、政策、资金、项目、人才等方面加大对西部的投入，重点投向基础设施建设、生态环境保护和城市化建设。成都以此为契机，加快城市化进程。以投资体制改革为突破点，以市场为主导促进要素集聚，集中推进中心城区建设和发展，进入"全城谋划"阶段。

一、推进城市化，改善城市发展水平滞后状况[①]

成都城市空间由城中心向周边地域呈圈层状逐次推进，至20世纪90年代末形成中心城市（城市建成区）、近郊区（中心城周边城镇组团）、中远郊区三大圈层。随着"全城谋划"的推进，成都中心城区建设得到加强，至2005年，城市建成区面积由2000年的207.81平方公里，增至395.5平方公里，增加90%。同时，以中心城

---

① 进入21世纪之初，成都城市发展水平滞后主要体现在：1. 城市化水平相对其他城市落后。成都作为大城市带大郊区型特大城市，郊区（市）县人口在总人口中比重偏高，市域城市化水平偏低。在中国西部省会城市中亦属最低之列。2. 城市化滞后于工业化。成都工业化水平在1998年达到37.4%，城市化率为32.8%，城市化率与工业化率之比为0.87，远低于国际公认的1.4~1.5的合理水平。3. 市域各类城镇数量多、密度大，但规模小、实力弱。成都市域城镇密集，1998年全市郊区（市）县共有建制镇190个，平均每62.7平方公里有1个建制镇，每个建制镇平均辐射影响的半径仅为4.46公里。

区为核心形成了环状加放射状的交通格局，中心城区与郊区县市的关系进一步明晰，近郊区县逐步成为中心城区的卫星城，开始分担和承担部分中心城区的城市功能，层次分明、功能齐备的城市体系形成雏形。在中心城区发展带动下，人口城市化大大加快，1999~2004年，成都非农业人口占总人口比重从1999年33.5%升至42.8%，年均增长1.74%，远高于1978~2000年年均0.55%的水平。

二、以投资体制改革为突破口，促进要素市场化，激发城市发展活力

2001年4月以来，成都市相继出台了《关于加快成都市投资体制改革的决定》（以下简称《决定》）与13个配套文件，规范完善了相关的法律法规及政策措施，对传统投融资体制进行了全面深刻的改革，优化了投资环

境，激发了城市发展的活力。

投资体制改革的重点是土地要素市场改革，以市场为导向，搭建投融资平台，建立了市场化配置土地要素资源的机制，基本实现了城区土地的市场化配置。

在土地资源调控方面，成都市明确提出政府高度垄断一级市场，放开、激活土地二级市场，实行土地收购储备制度，增强政府对土地市场的调控力度。2001年8月，成都启动了东郊老工业区的结构调整工程，主要做法是以企业为主体，通过市场手段，利用城区土地与各区（市）县开发区土地的级差地价获得资金，对东郊企业实施搬迁改造。这不仅解决了成都城市环境的改善、城区用地结构的优化、企业组织结构的调整等问题，还极大地推进了成都工业布局的调整和优化。

2002年成都市出台《成都市土地市场管理办法》，对城市土地逐步建立了统一集中的土地市场，全面实行了经营性土地使用权招标、拍卖和挂牌出让，确保了城市土地出让的公开、公正、公平和高效。在资本市场方面，成都市连续出台了《中共成都市委成都市人民政府关于进一步加快西部金融中心建设的意见》、《成都市人民政府关于进一步加快金融业发展的若干意见》，设立成都市企业上市工作领导小组，建立企业上市工作推进机制，对企业上市给予政策扶持，推动企业在境内外交易所上市融资。

"全城谋划"时期，成都城市化进程大大加快，主要体现为中心城区快速发展。1999年后，中心城区GDP增长速度迅速提升，经济总量不断扩大，近郊地区的GDP也不断攀升，并在2001年后超过远郊地区，而远郊地区的GDP增长波动较大，各层次经济总量差异开始扩大。至2003年，三大圈层经济总量的差异已经非常明显（图8），城乡收入差距进一步拉大，城乡经济社会发展不平衡问题日趋显现。与此同时，由于城市化、工业化水平大幅提高，使成都具备了城市反哺农村的条件。2004年，成都市农业劳动力占从业人员总数的36.4%，农业增加值占GDP的7.7%，城市化水平为42.8%，人均GDP为

19 307 元，提前进入城市反哺农村阶段①。促使成都跨越了城市化—逆城市化发展进程，直接探索城乡一体化的发展道路。

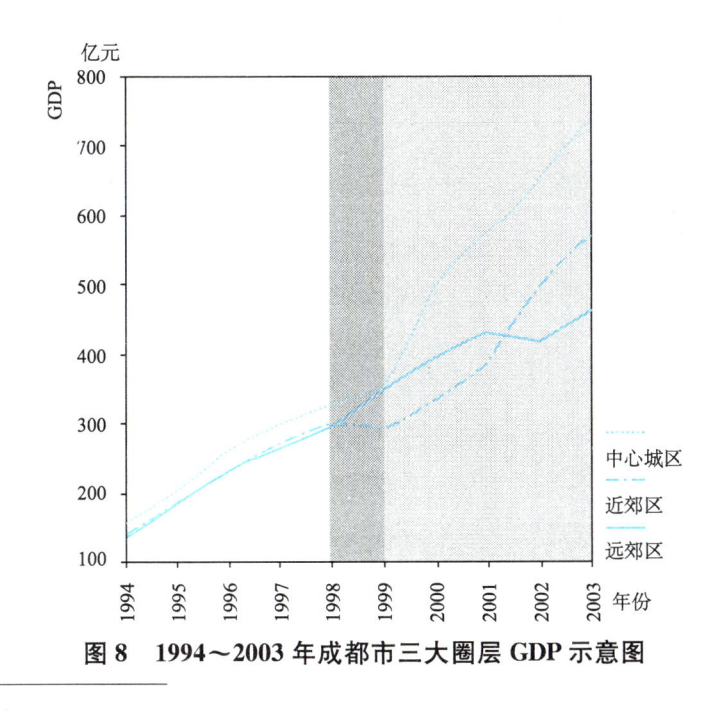

图 8　1994～2003 年成都市三大圈层 GDP 示意图

---

① 城市反哺农村各项指标标准值

	农业从业人员比重（%）	农业增加值占 GDP 比重（%）	城市化率（%）	人均 GDP（美元）
标准值	30	15	50	2 000

资料来源："重庆城市反哺农村研究"（重庆工商大学硕士学位论文），2007 年。

第二节 "全域统筹"阶段

　　成都是西部特大中心城市，又是典型的大城市带大郊区地区。成都既面临西部大开发深入推进、工业化和城市化加速发展的重大历史机遇，又面临长期以来城乡二元体制造成的"三农"问题、经济发展方式转变困难等历史难题。2003年，党的十六届三中全会通过的《中共中央关于构建社会主义和谐社会若干重大问题的决定》提出"统筹城乡发展、统筹区域发展、统筹经济社会发展、统筹人与自然和谐发展、统筹国内发展和对外开放"的要求。成都在科学发展观和"五个统筹"指导下，结合自身实际，探索市域范围内城乡协调发展的路径，进入"全域统筹"阶段。

2003年，在深入调研、认真试点的基础上，成都做出"统筹城乡经济社会发展、推进城乡一体化"的战略部署，从"全域成都"的视野，提出"三个集中"（即工业向集中发展区集中、土地向规模经营集中、农民向集中居住区集中）和"四位一体"（经济建设、政治建设、文化建设、社会建设四位一体）的发展思路，以要素市场化为核心，进一步推进成都城市化进程。

一、推动"全域统筹"协调发展

在城市空间发展模式上，改变原有的"摊大饼"式的城市空间发展模式，将城市整体作为经济载体，对各组成部分在城市整体发展中的功能和地位重新界定，从而使城市在整体上由大城市带大郊区的形态转变为城乡统一协调的形态。

在产业空间布局方面，对三个圈层发展进行功能调整和定位（表19）。

表19 成都市域圈层空间功能定位

分区	区位	功能定位
中心城区	都市区的核心区域	重点发展金融、通信、会展商务、商贸物流、科技、文化教育等高层次的第三产业和电子信息、医药等高新技术产业和绿色环保的都市型工业。
近郊地区	都市区的外围组成部分	重点发展机械等现代制造业、食品轻工业等劳动密集型产业以及生态、旅游、住宅等产业，创造大量就业岗位，大力吸纳农村劳动力转移。
远郊地区	平原、浅丘陵区域	加强第一产业的基础地位，通过农地制度创新、实施规模化经营等措施提高农业产业化水平，有条件的乡镇发展具有资源优势的第二产业，第三产业以旅游业和县域中心城市的商贸、科技文化服务为重点，山地、深丘陵区域以林业和旅游业发展为重点。

二、以要素市场化为核心,推进户籍制度和土地流转制度改革

户籍制度改革方面,妥善解决了"农改居"问题。2006年,成都市出台了《关于深化户籍制度改革 深入推进城乡一体化的意见(试行)》,户籍制度进一步松动,从而放开了成都市农民到城镇入户和市外人员到成都入户的户口政策,不再强调户口与住房产权之间的关系,使城市人口迅速增加,城市化发展得到极大提高。

本阶段要素市场化改革的重点仍然是土地制度改革,重心从城区土地制度改革,转向农村土地流转制度改革。上一阶段投资体制改革期间,城市土地已基本实现了市场化配置,但农村土地制度的改革未能推进,已经成为农民财产性收入缺失、土地规模化经营进展缓慢等问题的制度根源。"全域统筹"阶段,成都以市场为主导,进

行了一系列制度创新，极大地促进了土地要素的有效配置，对城市化与城乡一体化的推动作用非常显著。主要做法包括：

• 鼓励农村集体经济组织以征地补偿费入股的方式，参与各类赢利性项目的开发建设，也允许保留集体土地所有权性质，以集体土地使用权入股、租赁、联营等动工兴办各类工业企业，让农村集体经济组织能够获取长期、稳定的收益，也可将土地使用权收益折合成股份，为农村居民拥有，农民凭股领取收益，并可带股迁移。

• 允许农村集体土地以租赁、入股、置换等方式，参与农业产业化经营等建设开发。鼓励通过置换宅基地等形式，建设中心村和农民小区，集中安置农民，保障流转土地的农民利益。

• 同时，与土地流转制度改革相配合推进农村金融创新，成立了成都市农村产权流转担保股份有限公司，并出台了为农民小额贷款提供担保的政策，开展村镇银行试点，2007年12月成立了成都首家村镇银行（邛崃国民村镇银行)。

2008年1月,成都市委、市政府出台了2008"1号文件"——《关于加强耕地保护进一步改革完善农村土地和房屋产权制度的意见(试行)》,这一时期的土地制度改革重点锁定在开展农村集体土地和房屋确权登记、创新耕地保护机制、推动土地承包经营权流转、推动农村建设用地使用权流转和开展农村房屋产权使用权流转试点等方面。

三、加大政府投入,减少市场失灵带来的经济社会损失,促进城乡居民安居乐业

• 推动农村社会保障制度改革。与户籍制度改革配套建立了以养老保险、医疗保险和最低生活保障为主要内容的农村社会保障制度,并与城市社会保障制度逐步接轨,逐步建立城乡基本统一的社会保障制度。

• 统筹城乡投入。加大对农业和农村的支持保护力度。充分运用财政预算、财政贴息、财政补贴和财政投资等杠杆,向农业和农村不断注入资金。把农村教育、卫生、文化等各项社会事业建设纳入各级财政预算支出范围,提高投入比重,把各级每年新增加的教育、卫生、文化等事业经费,主要用于农村。此外,还深化农村信用社改革,把信用社逐步办成为"三农"服务的社区性地方金融机构,充分发挥信用社在农村的金融主力军和联系农民的金融纽带作用;积极探索新的农村金融组织形式和金融产品,通过贴息、减税等政策支持,鼓励商业性金融机构和政策性金融机构向"三农"领域贷款。

• 加大基础设施建设。完善都市区到其他区域之间的高速公路网络和近郊、远郊各县(市)之间的快速路网,市级财力对基础设施的投入要重点向财力不足、基础设施建设相对滞后的区域倾斜,尤其是要加大对远郊的区(市)县与农业生产和农民生活密切相关的农田水利、道路、污水处理和垃圾处理等基础设施建设的投入，为其农业产业化和非农产业的发展创造条件，改善农村的生产和生活环境；而在基础条件较好的区域，如中心城区，由于其特定的有利环境，对民间资本具有较大的吸引力，因此，其基础设施的建设主要采取经营城市等方法，引导和吸纳民间资本介入。

"全域发展"阶段，成都在城市化速度迅速提升的同时，推动了城乡一体化建设。2003~2007年农民人均纯收入年均增幅为14.0%，与同一时期城镇居民人均可支配收入年均增幅大体相当，2007年，全市农村人均纯收入已增至5 642元。同时，近郊区人口城市化率快速上升，2007年较2003年增加了21.47个百分点，远郊县市人口城市化率也不断加快，五年间增长了12个百分点，突破30%，步入了城市化快速发展阶段，城乡差距正在开始不断缩小。成都市近郊区县发展迅速，城市功能逐步向近郊扩散，郊区县市逐步由中心城区卫星城发展为小城市或中等城市，层次分明、功能齐备的城市体系逐步完善。

2007年,成都获国家批准建设全国统筹城乡综合配套改革试验区。标志着成都发展进入新的阶段。试验区的设立不仅意味着成都将迎来重大历史发展机遇,同时也意味着成都将要承担起更多的责任,在推动全国深化改革、实现科学发展与和谐发展中发挥示范和带动作用。成都的改革和发展将不局限于区域的视角,而要从国家乃至世界的高度做出城市发展的战略选择。

第三节 "全球定位"阶段

今天,回顾、总结近十年发展历程,着眼于国际化、全球化的新趋势,成都站在新的历史起点上,探索内陆城市介入全球化进程,融入全球城市网络的道路,进入

"全球定位"阶段。其战略目标包括三个方面。

一、建设全球网络节点城市

加速融入全球城市网络，成为网络中资本等要素循环和积累的重要节点，是成都参与全球化进程的必经之路。成都以"国际区域性枢纽和中心"定位，打造全球城市网络中的国际枢纽城市，就是要立足西部交通、通信枢纽建设，面向世界建设航空、通信枢纽；同时立足西部金融中心、商贸物流中心和科技中心建设，建成具有国际辐射和带动作用的区域性金融中心、管理中心。

二、建设国家重要的区域中心城市

从国家层面看，成都是四川省建设西部经济发展高地的战略支撑，在融入全球城市网络并往全球城市方向发展的过程中，成都从大局意识和长远考虑出发，进一步树立区域分工合作、共同发展的思想，主动推进成都经济区域一体化，加快建设成都都市圈，与周围地区同样要形成网络关系，组成地域联盟，共同谋求提高处理行政和政策问题的区域能力，形成一些可利用的新的空间范围，即充当企业参与全球市场竞争的地域平台，以适应不断变化的世界体系，提高整个全球城市区域的竞争能力。在此过程中，成都一方面将充当全球城市网络的重要节点，另一方面将担任地区经济发展中心的角色，起着协调、整合城市区域资源和强化区域内城市经济联系融入全球化网络的重要作用。

三、建设和谐发展的"田园"城市

从长远来看，成都发展模式融入了霍华德"田园城市"的理想。"田园城市"就是体现霍华德"自然之美、社会公正、城乡一体"思想的现代田园城市,即成都要建成城乡一体化、全面现代化的示范区,成为全国统筹城乡发展和生态文明建设的样板,实现城乡同发展共繁荣、现代高端产业聚集、社会和谐、人民幸福、生态良好。从形态上讲,首先要在全域成都范围内构建现代城市和现代农村和谐、历史文化和现代文明交相辉映的新型城乡形态。然后随着成都经济区区域经济一体化,将整个区域建设成为一个超大型、田园式的城市群。